최소한의
정치공부

가장 현명하게 정치를 배우는 방법

최소한의 정치 공부

추동훈 지음

매일경제신문사

서문

따뜻한 안방에서 곤히 잠을 청하고 있던 어느 겨울날 밤, 스마트워치에 뜬 뉴스 알람을 무심코 눌렀다. 곧 잠이 저 멀리 달아나버렸다. 2024년 12월 3일. 그날 좀처럼 익숙하지 않은 계엄이라는 말이 뉴스를 지배하기 시작했다. 교과서에서나 만나던 단어였다. 곧이어 탄핵 정국이 전개됐고 연일 찬반 집회로 국론은 분열됐다. 정치가 우리들의 삶 한복판으로 들어온 날들이었다.

10년이 넘는 언론사 생활 중 가장 오랜 기간 근무했던 단일부서는 정치부다. 나름 대한민국 정치부 출입기자로 역사의 현장을 누비며 총선과 대선, 그리고 대통령 탄핵 사건을 겪었다. 이에 어깨너머 배운 도둑질로 정치라면 조금 아는 체도 할 수 있다고 자부했다. 하지만 이런 마음은 겸손함으로 바뀌었다.

계엄 이후 대한민국은 정치뿐 아니라 경제·사회 전반에 후폭풍이 일어나고 있다. 그리고 우리는 정치를 궁금해하기 시작했다. 대통령제는 무엇인지, 내각제는 무엇인지, 계엄은 무엇이고 탄핵은 무엇인지. 국민들을 보호하는 헌법 가치가 무엇이고 국회와 행정부, 사법부가 어떻게 구성돼 서로 견제하고 앞으로 나아가는지. 우리와 무관할 줄 알았던 이 모든 것들이 궁금해지기 시작했다.

이 시간을 살아가는 모든 대한민국 국민은 격변의 정치사를 목격한 산증인이 되고 있다. 지금 이 시국이 정치사의 비극이 될지 전환점이 될지는 알 수 없다. 정치는 늘 새롭게 정의되고 실험되는 살아 있는 유기체다. 수많은 구성원들의 요구와 경험, 그리고 지향이 만나 부딪치고 타협하는 현장이 정치다. 우리는 가장 정치적인 시대를 살고 있는지도 모른다. 어느 쪽 의견에 동조하든, 아니면 상황을 객관적으로 보려고 애쓰든, 아니면 무심하든 지금 우리는 정치의 시간을 살고 있다.

특히 성별과 연령, 지역 등을 둘러싼 갈등이 계속되고 이념과 정치 성향 차이에 따른 혐오와 비난이 만연하고 있는 요즘, 정치를 알아가는 첫발을 떼기조차 조심스럽다. 양극단의 정치가 일상화된 오늘날 객관적으로 만들어진 저작물이나 콘텐츠를 찾기란 여간 어려운 일이 아니다. 주변에서도 정치가 뭔지 공부하고 싶지만 어떻게 해야 할지 조심스럽다는 이야기를 하는 2030 세대가 참 많다.

지금으로부터 8년 전인 2016년 겨울, 국회 출입기자로 일하게 됐다. 정치를 잘 몰랐지만 알고 싶은 마음이 가득했다. 20대를 지나 30대에 막 진입하던 시점이었다. 총선에 이어 대통령 탄핵, 대선까지 한 치 앞도 내다볼 수 없는 역사 속 현장을 치열하게 돌파할 기회를 얻었다. 국회의원, 보좌관, 당직자, 국회사무처 공무원 등 수많은 사람들을 사귀고 실전 정치를 풍부하게 체험했다.

8년 후인 2024년 겨울, 현장에서 기사를 쓰는 정치부 기자가 아닌 한 사람의 국민으로서 다시 한번 대통령 탄핵을 지켜보게 됐다. 그리고 이번 사태로 인해 정치를 어떻게 공부할지 망설였을 8년 전 나와 같은 사람들을 위한 책을 쓰게 됐다.

다양한 현장 경험과 기자로서의 객관성을 바탕으로 쉬운 정치 입문서를 쓰고 싶었다. 꼭 알아야 할 대한민국 정치사를 계엄과 탄핵을 바탕으로 정리하고 생물처럼 움직이는 정치 트렌드와 변화양상을 풍부하게 담았다. 특히 SNS 등 디지털 문화의 발전과 MZ 주도의 새로운 트렌드가 정치와 만나 만들어낸 역동적인 변화 역시 주목했다. 이 책이 대한민국의 국민으로 살아가기 위해서 필요한 '최소한의 정치'를 알아가는 데 도움이 됐으면 한다.

추동훈

차례

03 법과 정치가 만나는 전쟁터, 국회의 모든 것

04 나라를 움직이는 힘겨루기, 정당

05 행정부와 사법부 그리고 균형

06 미래를 바꾸는 힘, 참정권

계엄과 탄핵을 통해 본 대한민국 정치사

01

일상에 스며든 '정치'라는 생명체

정치에 무관심한 사람은 주변에서 손쉽게 찾아볼 수 있다. 또한 그들이 하는 말은 대부분 비슷하다. 머리 아프고 복잡한 정치가 우리의 삶과 무관하다는 것이다. 하지만 이렇게 생각해보자.

아침에 지하철을 타러 갔는데 요금이 내일부터 300원 인상된다. 지하철에서 뉴스를 켜자 올해 최저시급은 지난해와 동일하게 동결됐다. 회사에 도착하자 주 4일제 시범 도입에 대한 정부 정책에 대한 갑론을박이 한창이다. 점심을 먹고 커피를 마시러 갔는데 일회용 컵 보증금제가 시행돼 추가 비용이 붙었다. 퇴근 후 이사할 집을 알아보는데 정부의 전세대출 규제로 대출한도가 줄어들어 갈 곳이 마땅치 않다. 집에 도착해 유튜브를 켜서 뉴스 콘텐츠를 시청했는데 그게 진짜인지 가짜인지 확인은 못했다.

평범한 일상과 다를 바 없는 위의 이야기 곳곳에는 정치와의 연결고리가 있다. 대중교통 요금은 지방정부와 중앙정부의 예산으로 운영되는데 적자폭이 커지면서 재정정책상 요금 인상이 불가피했다. 노동 정책과 관련해 주 4일제 도입 논의는 근로시간 단축으로 인한 노동자와 기업 간 이해관계가 엇갈리며 노동법 개정과 이어진다. 전세 대출 규제는 부동산 정책과 금융 정책이 복합적으로 작용하는 이슈다. 유튜브 콘텐츠와 관련해 정부는 가짜뉴스 방지법 논의와 온라인 콘텐츠 규제에 대해서 논의할 수 있다. 이런 규제가 표현의 자유를 침해하는 것인지도 쟁점이다.

집으로 걸어가는 길, 친구를 만나는 자리, 맛있는 식사를 하는 일상의 순간순간에도 정치는 우리 삶 곳곳에 스며들어 있다. 정치에 무관심한 것은 누군가 당신의 삶을 대신 결정하게 내버려두는 것과 같다. 그래서 수많은 시민들이 길거리로 뛰쳐나와 집회에 참여하고, 또 정치를 공부하려 이 책을 펼친 것이다. 과연 우리는 계속해서 "정치는 내 일이 아니야"라고 말할 수 있을까?

정치에 대한 관심과 참여가 부족하다면, 물가 인상처럼 일상적인 사안부터 계엄과 같은 국가적 결정까지 정치가 우리의 삶과 사회에 어떤 영향을 주는지 제대로 인식하지 못할 수 있다. 민주주의 사회에서는 국민이 국가의 주인인 만큼, 중요한 국가적 결정이 어떻게 이루어지는지를 알고 적극적으로 목소리를 내야 한다. 당신이 원하든 원하지 않든 정치는 이미 당신의 삶을 바꾸고 있다.

특수하고 예외적인 상황 '계엄'

2024년 연말을 떠들썩하게 만든 계엄. 2030 세대라면 들어본 적은 있더라도 실제 접해보지는 못했을 것이다. 계엄戒嚴은 정확히 무엇일까? '경계할 계'와 '엄할 엄'으로 구성된 단어 계엄은 직역하면 '엄한 경계'라는 뜻이다. 계엄의 사전적 정의는 전시·사변 등 국가비상사태가 발생했다고 판단될 경우 대통령과 같은 국가원수 또는 행정부 수반이 군대를 민간 및 사법에 투입하는 조치다. 그리고 계엄을 선포하는 행정명령을 계엄령이라고 한다.

계엄의 영어식 표현인 'Martial law'의 Martial은 로마 신화의 군신인 '마르스Mars'에서 기원했다. '군대식의, 군대가 관장하는'이라는 뜻을 가진 형용사 Martial이 군이 민간을 통제하는 '계엄'이라는 단어로 발전했다. 이에 따라 계엄이 선포되면 경찰권, 사법권, 행정권 등 모든 영역에서 군법으로 다스려지는 상황이 발생한다.

쉽게 말해 계엄은 국가적 위기 상황에 처했을 때 군대가 법적으로 민간과 사법을 통제하는 특수하고 예외적인 상황이다. 극심한 사회 혼란과 정부 전복과 같은 엄중한 상황에서 군이 동원되는 만큼 결국 최후의 수단으로 쓰여야 한다는 뜻이다. 2024년도의 계엄은 건국 이래 17번째였다. 민주화와 문민정부 출범 후 처음 발생한 일이다.

과거 조선시대에는 계엄과 유사한 '진압군'이나 '군사령'과 같은 제도가 존재했다. 특정 지역에서 민중 봉기나 반란이 발생하면 군이 투입돼 이를 진압하고 질서를 회복하는 절차였다. 이후 20세기 초 일

제강점기에는 한반도를 식민 지배한 일본이 군령권을 활용해 강압적으로 국민들을 억압하는 제도처럼 운영했다. 3·1운동과 같은 민족 독립운동을 저지하기 위해 헌병경찰제를 운영한 것이 대표적이다.

계엄이라는 법령 용어가 대한민국에 도입된 것은 일본의 영향이 크다. 제국주의를 취한 일본은 1882년 근대적 의미의 계엄령을 제정했다. 이후 일본법의 영향을 받은 대한민국과 대만에서 헌법을 제정하며 계엄이라는 용어를 도입했다. 물론 일본으로부터 독립 직후 미군정이 한반도 안정화를 위해 개입했던 1945년 전후에도 미군의 군사적 통제와 이뤄졌고 계엄 선포와 같은 권한이 활용됐다. 이는 계엄 제도의 현대적 틀을 만드는 계기가 됐다.

법조문을 통해 본 계엄의 요건

계엄은 누가 봐도 비상이라고 볼 수 있는 전시 또는 이에 준하는 사태에 선포해야 한다. 특히 계엄은 매우 특수한 통치행위인 만큼 남용하면 민주주의와 국민의 기본권이 심각하게 침해될 위험이 있다. 그래서 발동 요건과 절차는 헌법과 법률로 엄격히 규정하고 있다.

'헌법'은 법치주의 국가에서 모든 법에 우선하는 가장 근본이 되는 최고 규범을 뜻한다. 국가 조직, 권력구조, 작용원리, 국민의 기본권과 의무 등을 규정하며 법체계상 최상위에 위치하는 만큼 모든 법률과 제도는 헌법을 따라야 한다.

계엄 역시 대한민국 최상위 법인 헌법에 그 내용이 담겨 있다. 사실 헌법만 잘 살펴보아도 계엄의 정의, 선포 조건, 그리고 해제 요건 등을 쉽게 파악할 수 있다. 헌법에서 계엄에 대해 명시한 법조항은 제77조다. 총 5개의 항으로 구성됐다.

대한민국 헌법

제77조

① 대통령은 전시·사변 또는 이에 준하는 국가비상사태에 있어서 병력으로써 군사상의 필요에 응하거나 공공의 안녕질서를 유지할 필요가 있을 때에는 법률이 정하는 바에 의하여 계엄을 선포할 수 있다.

② 계엄은 비상계엄과 경비계엄으로 한다.

③ 비상계엄이 선포된 때에는 법률이 정하는 바에 의하여 영장제도, 언론·출판·집회·결사의 자유, 정부나 법원의 권한에 관하여 특별한 조치를 할 수 있다.

④ 계엄을 선포한 때에는 대통령은 지체 없이 국회에 통고하여야 한다.

⑤ 국회가 재적의원 과반수의 찬성으로 계엄의 해제를 요구한 때에는 대통령은 이를 해제하여야 한다.

1항은 대통령의 계엄 선포권과 선포 요건을 규정하고 있다. 계엄을 선포하기 위해서는 무엇보다 전쟁 또는 내란, 쿠데타, 대규모 테러, 치안 마비 수준의 폭동, 국가 차원의 자연재해과 같은 국가의 존립과 국민의 안전을 심각하게 위협하는 국가비상사태 발생이 전제해야 한다.

그뿐만 아니라 이런 국가비상사태를 해결하기 위해서 병력을 동원한 군사작전 수행이 불가피하거나 국가 기능이 심각하게 마비돼 체제 유지가 불가능할 정도의 사회 혼란이 있어야 계엄을 선포할 수 있다. 즉, 비상사태가 발생했더라도 군대를 동원할 필요가 없고 국가 체제가 유지될 수 있다면 계엄 선포는 제한된다. 계엄령이 정치, 사회에 미칠 막대한 영향력을 감안해 굉장히 까다롭게 선포 규정을 설정해둔 셈이다.

계엄의 종류는 비상계엄과 경비계엄으로 나뉜다. 비상계엄과 경비계엄은 '전시·사변 또는 이에 준하는 국가비상사태 시'에 '공공의 안녕질서를 유지하기 위해' 내릴 수 있다는 선포 요건은 공통으로 갖는다. 다만 비상계엄은 '적과 교전 상태에 있거나 사회질서가 극도로 교란돼 행정 및 사법 기능의 수행이 현저히 곤란한 경우'에 내릴 수 있다. 반면 경비계엄은 '사회질서가 교란돼 행정기관만으로는 치안 확보가 안 되는 경우'에 내리는 것이다. 2024년의 계엄은 '비상계엄'이었다.

3항은 비상계엄 선포에 따라 내릴 수 있는 조치에 대해 설명하고 있다. 법률이 정하는 바에 의해 영장제도, 언론·출판·집회·결사의 자유, 정부와 법원 권한에 대한 특별조치를 나열했다.

실제 2024년 계엄 발표 직후 내려진 포고령에는 이에 해당하는 구체적인 내용들이 담겼다. 해당 포고령에서 이례적인 것으로 포고령 5항에 언급된 '전공의를 비롯한 의료현장 이탈 의료인을 본업에 복귀

비상계엄과 경비계엄의 차이

구분	비상계엄	경비계엄
법적 근거	대한민국 헌법 제77조 및 계엄법	대한민국 헌법 제77조 및 계엄법
선포 조건	전시, 사변, 또는 국가 비상사태 발생 시	사회 질서가 심히 교란될 우려가 있는 경우
선포 주체	대통령	대통령
군사적 성격	군사 작전 수행과 관련될 가능성이 높음	주로 치안 유지 목적
행정·사법권의 제한	행정·사법 기능이 제한되며 군사법원이 민간 사법권을 대체 가능	행정·사법 기능이 유지되며 군사법원의 권한이 상대적으로 제한됨
군의 역할	치안 유지뿐만 아니라 군사적 조치 가능	치안 유지에 한정

시키는 것'이 있었다.

헌법 제77조 4항과 5항은 계엄의 적법성 확보를 위한 절차 규정이다. 4항은 대통령의 계엄 선포 직후 국회에의 통고 의무를, 5항은 국회의 계엄 해제 권한을 규정했다. 이에 따르면 국회가 재적 과반수 찬성으로 계엄 해제를 요구할 경우에 대통령은 즉시 계엄을 해제해야 할 의무가 있다. 2024년 계엄이 약 3시간 만에 해제된 것 역시 이러한 헌법상 절차를 준수해 이뤄진 것이다. 국회에 의해 계엄이 해제된 것은 헌정사상 처음이다.

보다 구체적인 내용은 헌법에 의해 1949년 11월 24일 제정된 법률

제69호 '계엄법'에 담겼다. 계엄법은 총 14개 조항으로, 제1조와 제2조는 계엄의 목적과 종류를 규정했으며 제3조와 제4조는 계엄 선포의 공고 및 통고 방식과 내용을 담았다. 제5조에는 계엄사령관의 임명과 계엄사령부의 설치에 대한 규정으로 헌법보다 구체화된 계엄의 내용을 다루고 있다.

이어 제6조부터 제9조는 계엄사령관의 권한과 의무 그리고 지휘감독에 대한 내용이다. 그 외에 제10조에는 비상계엄하의 군사법원 재판 권한을, 제11조부터 제12조까지는 계엄 해제의 방법과 해제 이후의 행정·사법 사무의 정상화에 대해 규정한다. 특히 제13조에서는 국회의원의 불체포특권에 대해 명시하고 있다. 제13조에 따르면 국회의원은 계엄 시행 중 현행범인 경우를 제외하고는 체포 또는 구금되지 않는다. 즉, 국회의원에 대한 무차별적 강제 구인은 법률상으로도 명백하게 불법이다.

광복 직후 발생한 대한민국의 계엄들

그렇다면 대한민국 최초의 계엄은 언제일까? 1948년 8월 15일 대한민국 정부가 수립된 후 첫 계엄은 '제주4·3사건'과 관련이 있다.

광복 이후 미군정 아래 한반도에는 사회적 혼란이 가득했다. 특히 좌우로 나뉜 한민족은 서로 갈라져 이념 투쟁을 이어가고 있었다. 이런 가운데 제주도에서 좌익 공산당 세력이던 남조선로동당(남로당) 중앙회는 1947년 3월 1일, 삼일절 기념행사에서 미 군정과 이승만 세력에 반대하는 대규모 시위를 준비했다.

행사 당일 제주북국민학교에서 열린 행사가 끝나자 수만 명의 사람들이 한꺼번에 운동장을 빠져 나왔다. 행사 참여자들과 시위 세력이 한데 섞인 군중들이 쏟아지며 거리 일대는 아수라장이 됐다. 그 와중에 질서유지를 위해 출동한 기마경찰관의 말이 대여섯 살 소년을 치는 사고가 났다. 이 모습을 보고 흥분한 군중들이 돌을 던지며 대응했고 난장판이 된 가운데 경찰서를 습격하는 줄 착각한 경찰이 총을 쏴 6명이 죽었다. 이른바 '3·1발포사건'이다.

남로당은 격앙된 민심을 이끌고 중앙정부의 사과를 요구하며 민관합동파업을 본격화했다. 미군정은 대규모 탄압에 나섰고, 갈등은 해를 넘겨 이어졌다. 결국 1948년 4월 3일 남로당 제주도당을 주축으로 한 무장대가 경찰서, 우익 인사의 자택, 우익 단체를 일제히 습격했다. 제헌 국회를 구성하는 국회의원을 뽑는 5·10총선거를 한 달여 앞두고 있는 시점이었다. 군경과 무장대 간 충돌로 수만 명의 제주도민이 희생됐다. 어림잡아 제주도 인구의 약 10%가 목숨을 잃었는데, 이것이 바로 제주4·3사건이다. 결국 제주도는 남한지역에서 5·10총선거를 치르지 못한 유일한 지역이 됐다.

이 과정에서 대한민국 정부의 첫 계엄은 엉뚱하게도 사태가 심각했던 제주가 아닌 여수와 순천에서 내려지게 된다. 제헌 국회는 1948년 7월 20일 간접선거제 방식으로 제1대 대통령선거를 실시해 이승만 국회의장을 초대 대통령으로 선출했다. 이승만 정부는 제주 4·3사건을 해결하기 위해 군 병력 파견을 결정했다. 그리고 1948년 10월 19일, 전남 여수에 주둔하던 대한민국 육군 소속 남조선국방경비대 제14연대는 제주도로 출동하라는 명령을 받았다.

하지만 당시 제14연대에 소속돼 있던 남로당계 중앙당원들은 출동 환송회식 중 출동을 거부하며 반란을 일으켰다. 이들은 군을 위시해 여수와 순천, 구례·광양 방면을 장악하기 시작했다. 예상치 못한 내란이 발생하자 정부는 이틀 뒤인 10월 21일, 반란군이 점거한 지

출처: 한국학중앙연구원

여순 사태 당시 반란군의 방화로 불타고 있는 여수

역 일대에 계엄령을 선포한다. 대한민국 최초의 계엄이었다.

다만 1949년 계엄법이 제정되기 이전에 선포된 계엄령인 만큼 비상계엄을 뜻하는 일본식 표현인 '합위지경'으로 선포됐다. 경비계엄은 '임전지경'이라 불리던 때였다. 여수·순천에 내려진 첫 계엄은 여수와 순천에 제한적으로 내려진 계엄이란 점에서 전국 단위로 내려진 계엄과 다르다.

이 계엄은 이듬해 2월 5일까지 100일 넘게 유지됐다. 이후 이와 별도로 제주4·3사건 해결을 위해 1948년 11월 17일부터 12월 31일까지 46일간 제주 지역에도 별도의 계엄령이 내려졌다. 4·3사건을 둘러싼 계엄사태가 마무리된 후 1950년 6월 25일 발발한 한국전쟁에서 또다시 계엄령이 연이어 선포된다.

전시상황에서 대한민국 정부는 1950년 7월 비상계엄을 시작으로 1950년 11월 10일 경비계엄, 1950년 12월 7일 비상계엄, 1951년 4월 경비계엄을 선포하며 전시상황을 군법으로 다스렸다.

4·19혁명과 시위대의 박수를 받은 계엄군

한국전쟁이 끝난 후 첫 계엄이 선포된 1960년 4월 19일은 다름 아닌 4·19혁명이 일어난 바로 그날이다. 대한민국 민주화 운동의 효시로 불리는 4·19혁명은 이승만 정부 집권기에 발발한 대표적 민주화 운동이다. 이 계엄은 한 달여 전 치러진 제4대 대통령·제5대 부통령 선거에서 비롯했다. 장기 집권을 꿈꾼 이승만 정부는 투표함 바꿔치기, 대리투표, 뇌물 살포 등 각종 부정선거 방식을 동원했다. 개표 과정에서도 각종 방법으로 선거 조작이 이뤄졌고, 이로 인해 선거 당일부터 마산, 광주 등지에서 시위가 일어났다.

마산에서는 시민들과 학생들이 거리로 몰려나와 부정선거 무효를 주장하는 3·15의거가 일어났다. 그러던 중 마산상업고등학교 1학년 김주열 군이 시위 중 실종되었다가 4월 11일 마산 앞바다에서 시신으로 떠오른 사건이 있었다. 그의 주검은 눈이 최루탄에 관통된 채로 발견됐다. 시위 당시 경찰이 쏜 최루탄이었다. 이 사건은 전국적인 공분을 일으켰다. 결국 4월 19일 서울, 부산, 대구, 인천, 대전, 광주, 전주, 청주 등 전국에서 10만여 명이 넘는 시민이 동시다발적으로 시위에 뛰어 들었다.

특히 서울에서는 서울대, 중앙대, 고려대, 연세대, 성균관대, 동국대, 홍익대 등 대학생들이 전면에 나섰고 고등학생들까지 대거 참여했다. 서울에서만 수만 명의 시민이 한데 모였다. 분노한 시위대는 이승만 대통령이 머물던 경무대로 향했다. 경찰은 중앙청 앞에서 공포탄과 최루탄을 발포하며 강경 대응했다. '피의 화요일'이라고 불린 이날 서울 시위에서만 104명이 사망했다. 이날 하루, 전국적으로 시위대와 경찰을 포함해 총 115명이 사망하고 727명이 다쳤다.

상황이 악화되자 정부는 결국 4월 19일 오후 3시, 경비계엄을 선포했다. 전후 첫 계엄이었다. 대상 지역은 서울, 부산, 대구, 광주, 대전이었다. 이미 경찰들의 총과 최루탄에 사망자가 발생한 터라 정부는 경비계엄을 오후 1시로 소급해 적용했다. 하지만 경찰의 총격으로 이미 시위현장은 아수라장이 된 뒤였다. 정부는 사실상 전국 단위의 비상계엄을 선포하며 사태 수습을 위한 군대 투입을 결정한다.

하지만 당시 계엄군은 경찰과 달랐다. 경찰이 강경 대응하며 유혈사태를 일으킨 반면 군은 정치에 대한 중립 원칙을 고수하며 개입을 최소화했다. 물론 이러한 소극적 대응의 배경에는 정부로부터 홀대받던 군부의 불만이 뒤섞여 있었다. 하지만 10만 명 이상이 참여한 서울 시위 현장에서 계엄군의 결단에 따라 끔찍한 유혈사태가 발생할 수 있었다는 점을 감안하면 천만다행의 일이었다.

실제 서울 지역 계엄을 관장하던 15사단 조재미 준장은 각급 부대에 상관의 허가 없이 시위대에 무단 발포하거나 민가 건물에 무단 침입하는 것을 엄격하게 금했다. 또 19일 밤, 시위대가 군경의 압박에 고려대 캠퍼스로 쫓기듯 숨어들어간 가운데 조 준장은 무장 없이 부관 2명만 대동한 채 캠퍼스로 진입했다. 그리고 태극기로 덮인 희생자에게 조의를 표하며 시위대와 대화에 나섰다. 결국 추가적인 희생 없이 시위대는 해산했다. 조 준장은 이승만 대통령의 하야 소식을 시민들에게 직접 알린 인물이기도 하다.

정부는 이후 4월 25일 다시 한번 경비계엄을 내린다. 이날은 전국 27개 대학 교수단 258명이 시국선언문을 채택하며 이 대통령의 하야를 요구했던 날이다. 결국 민주화의 열망을 꺾지 못한 이 대통령은 4월 26일 "국민들이 원한다면 물러나겠다"며 하야 성명을 발표한다. 당시 계엄사령관이던 송요찬 장군은 학생들의 요구가 정당하다고 인정하며 계엄군에게 시위대를 향해 발포하는 것을 금지하도록 지시했다.

또한 교수들의 시위 후 출동한 계엄군의 탱크 위로 시민들이 올라타 "대한민국 국군 만세!"라고 외친 일화도 유명하다. 1960년 계엄군은 시위 현장에 출동할 때마다 시위대의 환영과 박수를 받았다. 계엄군과 시위대 주변의 탱크는 더 이상 이승만 정부의 비호세력이 아닌 국민을 지켜주는 존재로 인식됐다.

출처: 한국학중앙연구원

4·19혁명 당시 시위에 나선 대학생들

결국 이승만 대통령의 하야로 대통령 권한대행이 된 허정 당시 외무부장관은 과도 내각을 이끌며 4월 28일 혼란 수습을 위한 경비계엄을 발포해 79일간 유지했다.

계엄과 군부,
한국 현대사의 변곡점

1961년 5월 16일 새벽 5시, 4·19혁명의 여운이 가시지 않았던 이듬해 봄날 또다시 비상계엄이 선포된다. 헌법상 계엄령의 선포권자는 대통령이지만 이날 비상계엄 선포권자는 군사혁명위원회 위원장 장도영 육군 중장이었다. 무슨 일이 일어난 걸까?

1960년 4월 19일 이후 사회 분위기는 어수선했다. 이승만 대통령 하야 후 '허정 과도내각'이 들어섰다. 이어 의원내각제를 골자로 한 개헌과 총선을 거쳐 '장면 내각'이 수립됐지만 민주화로 촉발된 민중 데모 행렬은 끊이지 않았다. 실제 대한민국 역사에서 유일하게 의원내각제를 채택했던 장면 내각 시기에는 10여 개월이라는 짧은 시간에도 불구하고 2,000건이 넘는 거리 데모가 발생했다.

이와 더불어 군부 안에서도 쿠데타 열기는 끓는점에 도달하기 직전이었다. 앞서 4·19혁명에서 민중 억압의 주체였던 경찰과 달리 군은 오히려 시위대를 지켜주는 수호대의 성격을 띠었다. 당시 군은 정부로부터 신임을 얻지 못했고 경찰에 비해 홀대받는다는 인식이 강했다. 이런 가운데 한국전쟁으로 비대화된 군 내부에서는 조직 규모에 비해 크게 늘어난 인력으로 인사 적체가 심화했다. 혼란한 사회적 분위기 속에서 고조되어 가던 군의 불만은 박정희 소장의 주도 아래 5·16군사정변으로 표출된다.

1961년 5월 16일 새벽부터 신속하게 움직인 쿠데타 세력은 서울과 대구, 부산을 순차적으로 장악했다. 쿠데타를 일으킨 군부는 무엇보다 행정, 입법, 사법 3권을 장악하고 통치권을 행사하기 위해 군인 32명으로 구성된 '군사혁명위원회'를 조직했다. 그리고 당시 육군참모총장이던 장도영 중장을 군사혁명위원회 위원장으로 앉혔다. 동이 틀 무렵인 1961년 5월 16일 새벽 5시, 군부는 라디오 방송을 통해 '혁명공약'을 발표하고 비상계엄령을 선포했다. 이후 대한민국 현대사는 급박하게 전개된다.

계엄령 선포 4시간 후인 아침 9시, 박정희 소장은 헌법상 계엄령 선포권자인 윤보선 대통령을 찾아 청와대로 향했다. 이미 군부에 의해 선포된 계엄령에 대한 대통령의 추인(과거로 소급해 사실을 인정하는 것)을 요청하기 위해서다. 이미 회복할 수 없는 명백한 절차상 하자가 발생한 뒤였다.

윤 전 대통령의 회고록에 따르면 그는 계엄령 추인을 거부했을 뿐 아니라 '혁명 지지' 성명을 내달라는 군부의 요청도 거절했다. 결국 이날 선포된 계엄은 절차적 흠결로 인해 불법적 성격을 띨 수밖에 없었다. 5월 16일 선포된 불법 비상계엄은 5월 27일까지 12일간 이어졌다.

계엄령 선포 직후인 5월 18일, 장면 내각은 총사퇴를 결의했고 자연스레 국회도 해산했다. 5월 19일 군사혁명위원회는 '국가재건최고회의'로 둔갑해 헌법 위에 군림하는 초헌법기관을 자처했다. 비상계엄이 종료된 5월 27일, 이번에는 경비계엄이 전국에 내려졌다. 부당한 계엄체제는 1962년 12월 5일까지 558일간 이어졌다. 전시였던 6·25전쟁 당시 계엄을 제외하면 가장 오랜 기간 유지된 계엄이다.

이후 초헌법기관 국가재건최고회의는 1962년 12월 17일 대한민국 헌정사 최초로 국민투표를 거친 제5차 개헌안을 공포한다. 개헌을 통한 제3공화국 수립으로 기존 의원내각제는 다시 4년 중임 대통령제로 회귀했고, 헌법재판소는 폐쇄됐다. 기존 제2공화국에서 헌법을 개정하기 위해서는 양원 전체 의원 3분의 2 이상 찬성이 있어야 했지만 이미 국회가 해산됐기에 국민투표로만 개헌이 이뤄졌다.

제3·4공화국과 계엄

제5차 개헌 후 치러진 대선을 통해 1963년 12월 17일 제5대 대통령으로 박정희 대통령이 취임했다. 이듬해인 1964년 3월, 그는 한·일 외교정상화 방침을 밝혔다. 그러나 당시는 8·15광복 20주년을 맞이하는 시점이었고 국민 정서상 반일 감정이 지배적인 상황이었다.

이 와중에 정부가 추진하겠다고 밝힌 한·일 외교 정상화는 '현대판 한·일합병'이란 소리를 들을 만큼 민중의 공분을 사는 사건이었다. 결국 3월 9일 서울 종로서 정치인, 재야인사가 한데 모여 구국선언문을 채택하고 총궐기를 다짐했다. 당시 투쟁위원회 의장은 다름 아닌 윤보선 전 대통령이었다.

한·일수교에 반대하는 시위대의 규모는 날이 갈수록 늘어갔다. 민주화 운동의 상징성이 컸던 4월 19일이 되자 반일 시위는 민주화 운동으로 확산했다. 열기가 들불처럼 번져가면서 6월 3일, 1만여 명의 학생과 시민들이 시위에 참가한다. 바로 6·3항쟁의 발발이다. 반정부 시위가 전국 각지로 확산하면서 결국 1964년 6월 3일 저녁 8시 비상계엄령이 선포된다.

즉시 경찰과 4개 사단 병력이 서울로 투입돼 시위대 진압에 나섰다. 시위를 주도한 운동권 학생들과 정치인, 언론인 등 1,100여 명이 체포되고 주동자 348명은 내란 및 소요죄로 서대문형무소에서 6개월간 복역했다. 또한 재야인사 상당수가 반정부 혐의로 체포된다. 6·3항쟁을 주도한 고려대학교 상과대학 학생회장이자 총학생회장 직무대행이 바로 이명박 전 대통령이다. 당시 계엄령은 57일간 발효됐다. 전국적인 반정부 시위가 있었음에도 1년 뒤인 1965년 한일 양국은 국교 정상화에 합의하며 20년 만에 외교 관계를 복원했다.

박정희 대통령은 4년 중임 대통령제 개헌으로 제5대 대통령에 이어 제6대 대통령에 당선됐다. 그리고 2번째 임기 중이던 1969년 10월 21일 대통령의 3선 연임을 허용하는 제6차 개헌에 성공한다. 당시 야당이던 신민당은 강하게 반발하며 합법적 의사진행 방해 전략인 필리버스터를 통해 122시간 동안 마라톤 반대 토론을 이어갔지만 결국 야당의원들의 국회 진입을 봉쇄하며 개헌안이 통과됐다.

국민투표를 거쳐 1971년 4월 27일 치러진 제7대 대선에서 박정희 대통령은 당시 40대 기수론을 앞세워 신민당 대선 후보로 출마한 47세의 김대중을 꺾고 3선에 성공한다. 그리고 3번째 박정희 대통령 집권의 2년 차가 되는 해인 1972년 10월 17일, 또다시 역사적 사건이 발생한다. 바로 '유신維新 개헌'이다.

유신이란 '새롭게 하다'라는 뜻의 한자어로 일반적으로는 위로부터의 개혁을 뜻한다. 19세기 일본에서 무신정권이 주도해온 막부 봉건제를 폐지하고 입헌군주제를 택하며 정치·사회·문화 전반의 근대화를 꾀한 '메이지 유신'의 유신 역시 같은 의미를 가진 단어다.

하지만 대한민국에서 '유신' 했을 때 떠오르는 상징적인 사건은 '10월 유신'이다. 눈치챘겠지만 이날은 계엄이 선포된 날이기도 하다. 대한민국 계엄사 속에서 대표적인 친위 쿠데타가 다름 아닌 10월 유신의 계엄령이다.

친위 쿠데타Self-coup란 이미 권력을 쥐고 있는 기득권이 더 큰 권력을 얻거나 요구하기 위해 스스로 벌이는 쿠데타를 뜻한다. 과거 나폴레옹 1세의 조카 루이 나폴레옹 보나파르트의 경우가 대표 사례다. 루이 나폴레옹 보나파르트는 대통령 임기가 끝나가자 친위 쿠데타를 일으켜 황제 나폴레옹 3세로 즉위했다. 또 아돌프 히틀러가 바이마르 공화국의 체제를 무너트리고 스스로 나치 독일 총통이 된 것도 친위 쿠데타로 볼 수 있다.

박 대통령은 10월 유신을 선포한 그날 저녁 7시 대통령특별선언을 발표하며 비상조치를 선포했다. 그리고 그와 동시에 1972년 10월 17일, 전국 단위 계엄령을 선언하고 포고문을 발표했다. 비상조치의 내용이 워낙 강력한 탓에 오히려 계엄 포고문의 내용이 머쓱할 정도였다. 당시 헌법상에는 대통령에게 국회해산권이 없었지만 비상조치를 통해 국회 해산을 명령했다. 곧바로 주요 야당 국회의원들은 감금 후 고문당했다. 대학들은 휴교 조치됐다. 해당 계엄은 69일간 지속됐다.

10월 17일 대통령특별선언문 내 비상조치 발췌문

① 1972년 10월 17일 19시를 기하여 국회를 해산하고 정당 및 정치 활동의 중지 등 현행 헌법의 일부조항의 효력을 정지시킨다.

② 일부효력이 정지된 헌법조항의 기능은 비상국무회의에 의하여 수행되며 비상국무회의의 기능은 현행헌법의 국무회의가 수행한다.

③ 비상국무회의는 1972년 10월 27일까지 조국의 평화통일을 지향하는 헌법개정안을 공고하며 이를 공고한 날로부터 1개월 이내에 국민투표에 붙여 확정시킨다.

④ 헌법개정안이 확정되면 개정된 헌법절차에 따라 늦어도 금년 말 이전에 헌정질서를 정상화시킨다.

비상조치에 따라 비상국무회의에서 마련한 헌법개정안, 즉 유신 헌법은 파격 그 자체였다. 대통령 연임 제한은 철폐됐고 대통령에게 언제든지 헌법 효력을 일시 정지시킬 수 있는 긴급조치권이 부여됐다. 비유하자면 마블 코믹스에 등장하는 타노스가 인피니티 스톤을 모두 모아 건틀렛Gauntlet을 낀 급의 강력한 조치였다.

유신 헌법 주요 내용

- 대통령 임기 6년으로 연장 및 연임 제한 철폐해 종신 집권 가능
- 대통령 직선제 폐지하고 통일주체국민회의서 간접 선거로 선출
- 대통령에게 헌법 효력 일시적으로 정지시킬 수 있는 긴급조치권 부여
- 국회의원 1/3을 대통령 추천을 받아 통일주체국민회의서 선출
- 대통령에 국회해산권, 법관 임명권, 법률 거부권 등 무소불위 권한 부여

대한민국 헌법에 대한 제7차 개정안인 유신 헌법안은 1972년 11월 21일 국민투표에 부쳐 91.5%의 찬성으로 가결됐다. 총 유권자 1,567만 명 중 1,440만 명이 참여해 91.9%의 투표율을 기록했다. 그 결과 대한민국 역사상 가장 권위주의적인 헌법이 작동하기 시작했다. 민주주의가 묵살된 정권 탄생의 기틀이 완성된 것이다.

개헌에 의해 탄생한 초월적 헌법기관인 통일주체국민회의는 1972년 12월 23일 서울 장충체육관에서 국민직접투표가 아닌 간접투표

방식으로 박정희 대통령을 대한민국 제8대 대통령으로 사실상 '추대'했다. 박정희 대통령은 대의원 2,359명이 참여한 이날 투표에서 2명의 무효표를 제외하면 사실상 만장일치인 99.92%의 득표율로 당선됐다.

군사정권의 마지막 계엄

유신 헌법 시행 후 민주화를 향한 열망이 계속해서 짙어지던 1979년 서울 마포구 도화동 556번지. 현재 한 오피스텔 건물이 세워진 이곳은 김영삼 전 대통령이 총재로 있던 신민당의 당사가 있던 곳이다. 그리고 이곳에서 일어난 일이 20세기 마지막 계엄의 촉매제가 된다. 가발업체 YH무역의 여성 노동자 187명이 당사 내부에서 농성을 벌인 일명 'YH 여공 신민당사 점거 농성 사건'이다.

저임금과 불법 해고, 부당노동행위을 일삼아온 YH무역은 그해 갑작스러운 폐업예고로 노동자들의 뒤통수를 쳤다. 이에 노동자들은 회사와 대치하며 한 치의 물러섬도 없는 모습을 보였다. 하지만 회사는 결국 일방적으로 폐업 공고를 냈다. 노조 측은 정치권에 SOS를 치기로 하고 당시 야당인 신민당의 김영삼 총재를 찾았다. 그는 흔쾌히 당사를 내주었고 당직자들을 동원해 오히려 노동자를 보호했다.

그렇게 8월 9일 당사에서 농성을 시작한 여성 노동자들은 신민당사에 머물며 회사 정상화와 생존권 보장을 요구했다. 하지만 시위는 채 40시간을 버티지 못했다. 11일 새벽 2시, 불법 농성을 저지하겠다며 경찰은 1,000여 명의 기동대를 동원해 노동자를 강제 연행했다. 김영삼 당시 총재 역시 경찰에 의해 상도동 자택까지 사실상 끌려갔다. 그 과정에서 여성 노동자 1명이 사망했다.

후폭풍이 일었다. 신민당과 민주통일당 등 야당은 해당 노동자 사망 진상규명과 책임자 문책을 요구했다. 미국 국무부도 강제해산 과정의 위법성을 지적하며 정부를 압박했다. 이런 가운데 신민당 내부 갈등이 있었다. 신민당 간부가 김영삼 총재직 당선이 무효라며 직무정지가처분 신청을 법원에 제출한 것이다. 법원은 이를 받아들였다.

YH사건 이후 김 총재는 미국 〈뉴욕타임스〉와 인터뷰에서 "국민들로부터 멀어진 소수의 독재 정부냐, 민주주의를 열망하는 대다수 대한민국 국민이냐를 미국 정부가 명확하게 선택할 때가 왔다"고 소신 발언을 했다. 이를 두고 여당은 미국에 대한 반민족적 사대주의 망동과 매국적 발언을 했다는 이유로 김영삼을 국회의원직에서 제명하기로 결의했다. 신민당 의원들의 반대에도 불구하고 10월 4일 국회의원 제명안이 통과됐다. YH사건 2달이 채 지나지 않은 시점이었다. 김영삼은 제명 직후 "닭의 모가지를 비틀지라도 새벽은 온다"는 명언을 남겼다. 이는 대한민국 헌정사 최초이자 유일한 국회의원 제명 사건이다.

김영삼이 제명되자 그의 고향이자 신민당의 본거지인 경남 지역이 들끓기 시작했다. 10월 16일 부산대학교에서 시위가 시작됐다. 수백 명에서 시작된 시위대는 점점 늘어나 2,000명으로 불어났다.

경찰력도 곧바로 동원돼 최루탄을 쏘아대며 진압에 나섰지만 이에 반발한 학생들까지 합류했다. 5,000여 명의 학생들은 저지선을 뚫고 부산 시내로 나아갔다. 학생들은 부산시청, 남포동과 같은 번화가로 나아가 유신 철폐와 독재 타도를 외쳤다.

오후 들어 고신대, 동아대 학생들까지 합류하며 부산 전역으로 시위가 확산됐다. 저녁 무렵 퇴근한 직장인까지 합류하면서 단순한 학생운동이 아닌 민중항쟁으로 변모했다. 이들은 파출소, 경찰서, 언론사를 공격하거나 파괴했다. 18일과 19일에는 마산과 창원 지역으로 시위가 확산됐다. '부마민주항쟁'의 발발이다.

박정희 정부는 부산지역 시위가 격해지자 1979년 10월 18일 0시를 기해 부산과 경남 지역에 비상계엄을 선포했다. 이어 10월 20일 0시를 기해 마산시와 창원 일원에 계엄령과 유사한 '위수령衛戍令'을 발동했고 특전사 예하 부대가 부산과 마산으로 몰려들었다. 소요 사태에 대한 군경의 진압은 굉장히 폭력적이고 강압적이었다. 총 1,563명이 연행됐고 군인과 탱크가 해당 지역을 접수했다. 부마민주항쟁을 수습하는 방안을 놓고 강경파와 온건파의 갈등 역시 커졌다.

최규하가 선택한 '부분 계엄'

그리고 비상계엄 선포 8일 만인 10월 26일, 박정희 대통령이 김재규 중앙정보부장의 권총에 의해 시해됐다. 10·26사건이다. 결국 부마민주항쟁을 저지하기 위해 부산~경남 지역에 부분적으로 내려졌던 비상계엄은 전혀 예상하지 못한 방향으로 흘러갔다. 이튿날인 10월 27일 새벽 4시, 당시 국무총리였던 최규하가 대통령 권한대행 자격으로 박정희 대통령 시해로 인한 계엄을 새로이 선포한다.

다만 여기서 최 권한대행은 역사를 뒤바꾸는 결정적 실수를 한다. 권한대행을 수락하며 그는 "지금 이 순간부터 제주도를 제외한 전국에 비상계엄을 선포한다"고 밝혔다. 결정적 실수란 제주도를 제외함으로써 '전국 계엄'이 아닌 '부분 계엄'이 된 것이었다. 왜일까?

당시 계엄법 제9조에 따르면 전국 단위 계엄령은 대통령이 이를 지휘·감독하지만 그 이외에는 국방부장관이 지휘·감독을 하도록 규정하고 있었다. 정치적 부담을 크게 가졌던 최 권한대행은 의도적으로 제주도를 제외한 '부분 비상계엄'을 선포했다. 이를 통해 대통령의 계엄령 지휘·감독 권한을 스스로 포기한 셈이다. 결국 계엄령 이후 계엄사령부는 대통령이 아닌 국방부장관의 지휘를 받았다. 이는 계엄사령부 합동수사본부장으로 10·26사건 수사 총책을 맡은 전두환이 권력의 핵심으로 발돋움하는 데 결정적 역할을 했다.

2023년 개봉해 1,300만 명의 관객을 불러들인 영화 〈서울의 봄〉은 10·26사건 이후 12·12군사반란까지의 긴박한 현대사를 각색한 영화다. 영화는 시해 직후인 10월 27일 새벽 4시, 비상계엄을 선포하는 실제 역사의 순간에서부터 시작한다. 하지만 비상계엄 지역에서 제주가 빠진 내용은 묘사되지 않았다. 물밑에서 쿠데타를 준비해온 전두환과 노태우 등 신군부는 1979년 12월 12일 기습 군사 반란을 일

1979년 10월 27일 계엄포고 1호

국가의 안전과 공공의 안녕 질서를 확립하고 국민의 생명과 재산을 보호하기 위하여 다음 사항을 포고한다(제주도 제외).

① 일체의 옥외집회는 허가를 받아야 하며, 시위 등의 단체활동은 금한다.

② 언론, 출판, 보도는 사전에 검열을 받아야 한다.

③ 야간통행금지는 22시부터 익일 4시까지로 한다.

④ 정당한 이유 없이 직장이탈 및 태업행위를 금한다.

⑤ 유언비어의 날조 및 유포행위를 금한다.

⑥ 항만 및 공항의 출입은 검열을 받아야 한다.

⑦ 모든 대학(전문대 포함)은 별명이 있을 때까지 휴교 조치한다.

⑧ 일체의 집단적 난동, 소요 및 기타 범법행위를 금한다.

⑨ 주한 외교관의 활동은 이를 보장한다. 상기 포고를 위반한 자는 영장 없이 체포, 구금, 수색하며 엄중 처단한다.

계엄사령관 육군대장 정 승 화

으켰고 작전개시 10시간 만에 성공적으로 정권을 장악하는 데 성공한다.

신군부의 등장에도 민주화를 향한 국민들의 열망은 꺾이지 않았다. 해가 바뀐 1980년, 서울의 봄에 대한 갈증은 대한민국을 휘감았고 김대중, 김영삼, 김종필을 일컫는 '삼김'은 연내 개헌과 새로운 대통령을 뽑기 위한 협력에 나섰다. 대학이 개강한 3월과 4월, 학생들은 전두환 퇴진을 외쳤고 부마민주항쟁 이후 수개월째 이어지고 있는 계엄의 해제를 요구했다.

학생 중심의 가두시위는 5월 들어 더욱 확산했다. 5월 15일 서울역에는 10만여 명의 학생들과 시민이 몰려들었다. 같은 날 국회에서는 헌법개정특별심의위원회가 열려 대통령 직선제를 골자로 한 개헌안에 합의했다. 신민당과 공화당 양당은 5월 20일 국회 임시회를 개최해 개헌안의 정부 이송과 정치범 석방을 논의하기로 했다. 무엇보다 비상계엄을 해제하는 것이 핵심이었다.

그러나 순순히 민주화의 길을 열어줄 군부가 아니었다. 신군부는 정부를 압박했고, 개헌안 논의를 위한 국회 임시회 개최 사흘 전인 5월 17일 21시 30분께 비상계엄 전국 확대를 국무회의에 상정한다. 군부는 '사회 혼란에 따른 북한의 남침 위협'을 비상계엄 확대의 명분으로 삼았다. 결국 군부의 겁박 속에 열린 확대국무회의에서 전국 비상계엄 선포가 의결됐다. 상정 8분 만의 '속전속결'로 의결이 마무리됐다.

의결 2시간여가 지난 밤 11시 40분 최규하 대통령은 '특별선언'을 통해 5월 17일 24시, 즉 5월 18일 0시부로 비상계엄 전국 확대를 발표한다. 제주도까지 포함한 전국 단위 계엄령 선포였다. 즉, 계엄사령관에 대한 지휘권이 국방부장관에서 대통령으로 변경된 것이다.

하지만 최 대통령은 이미 무기력했고 이희성 계엄사령관 역시 신군부의 손바닥 위에 있었다. 이날 선포된 비상계엄 전국 확대 포고령 10호에 따라 모든 정치 활동은 중단됐다. 학생, 정치인, 재야인사 등

2,699명이 구금됐다. 계엄이 선포된 5월 18일, 광주에서는 5·18민주화운동이 발발해 10일간 이어졌다. 계엄 전국 확대로 5월 20일 예정된 국회 임시회는 파행했다. 국회의원들이 국회 앞까지 모였지만 정치 활동을 중단한 포고령에 의해 국회 진입에 실패했다. 계엄군은 탱크를 동원해 국회 정문을 막았다.

계엄군이 전국에 배치됐다. 결국 최규하 대통령은 8월 16일 사임했고 11일 뒤인 8월 27일 전두환은 유신 헌법에 따라 박정희 전 대통령과 동일하게 서울 장충체육관에서 진행된 통일주체국민회의의 간접투표로 제11대 대통령에 취임했다. 그리고 부마민주항쟁으로 인해 1979년 10월 시작된 비상계엄은 450일간 이어진 끝에 1981년 1월 24일 종료됐다. 이렇게 20세기의 마지막 계엄은 45년 전에 마무리됐다.

14세기 영국에서 시작된 탄핵소추

탄핵彈劾은 법률적으로 일반적 사법절차나 징계절차에 따라 징계하기 어려운 고위공무원을 처벌하거나 파면하는 절차다. 영어로는 'Impeachment'로 표기한다. '구속하다, 묶다, 방해하다'라는 뜻을 가진 고대 프랑스어 'Empeechier'에서 유래한 단어다.

역사적으로 살펴보면 영국의 에드워드 3세 집권 말기였던 1376년, 당시 왕의 재정을 관리하던 윌리엄 라티머William Latimer 남작이 국고를 착복하고 군사 물자 계약과 같은 재정적 이익을 가로챈 혐의로 해임당한 것을 최초의 탄핵으로 본다. 영국 의회는 군사 원정과 관련된 부정부패를 이유로 그에 대한 탄핵을 진행했고 결국 라티머는 직책에서 쫓겨난 채 왕실의 보호를 받지 못했다.

이후 의회는 권력자들을 견제하는 도구로서 탄핵을 본격적으로 법제화하고 제도 속으로 편입했다. 결국 해당 탄핵 사건으로 에드워드 3세 국왕의 통제력이 약화됐고 정치력이 크게 줄어들었다. 이처럼 탄핵제도는 처음부터 중앙 정부와 왕권을 송두리째 뒤흔들 수 있는 강력한 정치적 도구 역할을 했다.

21세기 정치의 게임체인저, 탄핵

대한민국은 제헌 헌법부터 탄핵제도에 대한 규정을 담아 현재까지 이어오고 있다. 정치적, 사회적 영향력이 큰 만큼 무분별하게 남용되거나 오용되지 않도록 헌법을 바탕으로 철저히 명문화한 규정과 원칙에 의해 운용하겠단 것이다. 헌법 제65조 1항에 따르면 대한민국의 탄핵제도는 탄핵소추와 탄핵심판으로 구성된다. 이 역시 탄핵 권력의 독점화를 피하기 위한 일종의 위험 분산 제도다.

탄핵을 소추하는 기관은 국민들의 대의기관인 국회다. '소추'란 일반적으로 형사사건에 대해 소를 제기하고 이를 수행하는 일을 뜻한다. 하지만 헌법적 의미의 소추는 고위공무원에 대한 탄핵을 발의해 헌법재판소에 그 파면 여부에 대한 심판을 구하는 행위다. 국회가 행정부 권력을 견제하는 가장 대표적이고 강력한 수단이 바로 탄핵소추안을 가결시키는 것이다.

계엄과 탄핵은 블랙홀처럼 모든 이슈를 빨아들이고 기존 관성을 소멸시킬 정도로 파괴력이 큰 제도인 만큼 절차의 정당성이 무엇보다 중요하다. 그리고 법치국가인 대한민국의 절차적 정당성은 바로 성문법에 기반한다. 특히 계엄에서와 마찬가지로 탄핵제도의 절차 역시 헌법에 명확히 규정돼 있다.

대한민국 헌법

제65조

① 대통령·국무총리·국무위원·행정각부의 장·헌법재판소 재판관·법관·중앙선거관리위원회 위원·감사원장·감사위원 기타 법률이 정한 공무원이 그 직무집행에 있어서 헌법이나 법률을 위배한 때에는 국회는 탄핵의 소추를 의결할 수 있다.

② 제1항의 탄핵소추는 국회재적의원 3분의 1 이상의 발의가 있어야 하며, 그 의결은 국회재적의원 과반수의 찬성이 있어야 한다. 다만, 대통령에 대한 탄핵소추는 국회재적의원 과반수의 발의와 국회재적의원 3분의 2 이상의 찬성이 있어야 한다.

③ 탄핵소추의 의결을 받은 자는 탄핵심판이 있을 때까지 그 권한행사가 정지된다.

④ 탄핵결정은 공직으로부터 파면함에 그친다. 그러나, 이에 의하여 민사상이나 형사상의 책임이 면제되지는 아니한다.

헌법 제65조 2항에 따라 탄핵소추는 재적의원 3분의 1 이상의 발의가 있어야 한다. 다만 국가 최고원수인 대통령의 경우 그 파급효과를 감안해 재적의원 과반 이상의 발의가 필요하다. 무분별한 탄핵을 방지하기 위한 하나의 안전장치다. 또한 현장 투표에 참석하는 현재 인원을 뜻하는 '재석在席' 인원을 기준으로 가부를 결정하는 게 아닌 국회를 구성하는 전체 국회의원을 뜻하는 '재적在籍'의원을 기준으로 가부를 판단하는 것은 보다 엄격한 잣대를 기준으로 통과 여부를 심사하겠단 뜻이다.

현재 대한민국 국회재적의원은 총 300명이다. 즉 대통령 탄핵소추를 기준으로 200명 이상의 국회의원이 찬성해야지만 탄핵소추안이 가결된다. 탄핵소추안이 의결되면 헌법 제65조 3항에 따라 탄핵심판이 끝날 때까지 피소추 공무원의 권한 행사가 정지된다. 헌법 제65조 4항에 따라 탄핵결정은 공직으로부터의 파면을 뜻하고 민·형사상 책임은 별도로 묻는다. 즉, 민·형사상 책임이 면제되는 것이 아님을 분명히 밝히고 있다. 대통령 외 탄핵 대상 공무원에 대한 심판 역시 대통령과 동일하게 헌법재판소가 진행한다.

하원이 탄핵소추를 하고, 상원이 탄핵심판을 하는 미국과 달리 한국은 국회가 탄핵소추를, 헌법재판소가 탄핵심판을 담당한다. 이 역시 헌법 제111조에 규정돼 있다. 탄핵심판은 피소추인 개인의 권익보호와 헌법질서 회복 및 수호라는 이중적 목적을 가진 독특한 성격의 소송이다. 민사소송법과 형사소송법 규정을 준용하지만 심판 자체는 '헌법재판'이라고 헌법재판소가 분명히 밝혔다. 탄핵심판에 대한 절차 역시 헌법재판소법 제48조~제54조에 규정했다.

탄핵심판의 청구인은 국회고 탄핵심판의 검사역할을 수행하는 '소추위원'은 국회의원인 국회 법제사법위원회 위원이 맡는다. 또한 헌법재판소법에 따라 소추위원은 법조인인 소추대리인을 둘 수 있다. 소추위원은 탄핵심판 변론에서 피청구인을 신문할 수 있다. 탄핵대상이 된 고위공직자는 피청구인이 된다. 마찬가지로 피청구인은 변호인단을 꾸려 대응할 수 있다. 탄핵심판 절차는 심판준비 절차를 거쳐 수차례의 변론과 평의를 진행한 후 최종 판결로 마무리된다.

대통령만 탄핵되는 게 아니야?

탄핵의 대상은 대통령을 포함한 '고위 공무원'이다. 대한민국 헌법 제65조 1항에는 집무집행에 있어 헌법이나 법률을 위반한 때에 국회에서 탄핵할 수 있는 공무원을 구체적으로 나열하고 있다. 대통령을 포함해 국무총리, 국무위원, 행정각부의 장, 헌법재판소 재판관, 법관, 중앙선거관리위원회 위원, 감사원장, 감사위원, 기타 법률이 정한 공무원이 그 대상이다. 헌법 외에도 법률에 따라 탄핵소추 대상에 포함되는 직위는 검찰총장, 검사, 경찰청장, 국가수사본부장, 방송통신위원회 위원장, 각급 선거관리위원회 위원장, 특별검사 및 특별검사보, 고위공직자범죄수사처 처장·차장·수사처검사, 원자력안전위원회 위원장 등이다.

반대로 국회의원, 지방자치단체장, 지방의원, 교육감 등 선출직 공무원은 탄핵소추 대상이 아니다. 국회의원은 헌법에 따라 국회재적의원 3분의 2 이상 찬성으로 제명될 뿐이다. 지방자치단체장과 지방의원, 그리고 교육감은 주민들이 직접 투표해 그 직을 상실하게 하는 '주민소환제도'가 별도로 존재한다. 거꾸로 국회의원과 대통령에 대한 주민소환제 또는 국민소환제는 불가능하다.

대한민국 최초로 탄핵소추된 대통령은 노무현 대통령이지만 고위 공무원 전체로 범위를 확대하면 국회의 첫 탄핵소추 대상은 유태흥 대법원장이다. 전두환 정부시절이던 1981년 대법원장에 임명된 유태흥은 독재 정권 치하에서 권위주의적으로 대법원을 운용해 논란이 됐다.

1982년 장애인 법관 탈락사건이 대표적이다. 당시 소아마비 장애를 갖고 사법시험에 합격한 4명의 지원자를 탈락시켰다. 또 1985년 독재 정권에 저항하며 법관 인사 난맥상을 비판하는 글을 기고한 판사들을 지방으로 좌천하기도 했다. 결국 당시 야당이던 신한민주당은 1985년 10월 18일 소속 의원 102명 명의로 대법원장 탄핵소추안을 국회에 제출했다. 다만 해당 소추안은 찬성 95표, 반대 146표로 부결됐다.

이후 윤석열 정부 출범 전까지 대통령 탄핵소추를 제외한 고위공무원에 대한 탄핵소추안 발의는 유 대법원장을 포함해 19건이었다. 이 중 국회 문턱을 넘어선 것은 2021년 사법농단 의혹에 연루된 임성근 판사가 유일하다. 임 판사에 대한 탄핵소추안은 재적 국회의원 300명 중 179명의 찬성으로 가결됐다. 다만 헌법재판소 선고 이전 퇴직하는 바람에 심판은 각하됐다. 즉, 윤석열 정부 이전 탄핵소추안이 가결된 고위 공무원은 2명의 대통령을 포함해 총 3명이다. 반면 윤석열 정부에서는 윤 대통령을 포함해 총 30건의 탄핵소추안이 발의됐고, 이 중 13건이 가결됐다.

탄핵소추의 발생 조건은 '직무에 있어서 헌법이나 법률 위배 시'

출처: 매일경제신문 사진부

서울 종로구 헌법재판소에서 열린 탄핵소추 재판 현장

다. 무엇보다 공무원의 의사결정이나 행위가 헌법에 반하는 위헌적인 것이었느냐를 판가름하는 것이 탄핵심판의 핵심이다. 헌법재판소는 탄핵심판에서 헌법과 법률 위반의 범위를 판단하며, 해당 위반 행위가 탄핵 사유로 인정될 만큼 중대하고 결정적인지 여부를 심사한다. 노무현 대통령의 경우는 헌법과 법률에 위반되는 행위를 했지만 파면을 해야 할 정도로 중대하지는 않다는 이유에서 탄핵심판이 기각됐다.

탄핵제도는 대통령제 또는 대통령중심제Presidential system에서 권력 남용이나 헌법 위반 등 중대한 사유가 있을 때 행정부의 독주를 견제하는 장치다. 탄핵은 최후의 수단으로 활용되지 않을 경우 정치적 갈등의 도구로 전락할 가능성이 높아진다. 행정부를 견제하는 탄핵의 칼날은 날카롭지만, 그 검자루에 언제든 권력 남용의 어두운 그림자가 스며들 수 있다. 강력한 무기일수록 신중한 손길이 필요하듯 탄핵 또한 그 힘이 정의를 향할 수 있도록 더욱 신중히 다뤄져야 한다.

정족수와 탄핵심판의 3가지 경우의 수

탄핵심판의 정족수 규정은 헌법재판소법에 담겨 있다. 탄핵심판은 총 9명의 헌법재판관 중 7명 이상의 출석으로 사건을 심리하고 재판관 6명 이상의 찬성이 있어야지 가결된다. 탄핵심판 결정의 파급력을 감안해 헌법재판관 재적 3분의 2에 해당하는 6명을 가결정족수로 정한 것이다. 즉, 7명 중 5명이 찬성해 과반수를 넘겼더라도 6명이 되지 않으면 파면되지 않는다.

정치에서 정족수가 그토록 중요한 이유

정족수定足數는 무엇이고 왜 중요할까? 정족수는 어떠한 모임을 진행하거나 최종 결정을 내리는 결정에 있어 필요한 최소 인원수를 뜻한다. 정족수는 법안을 만들 때나 가부 결정이 필요한 안건에 대한 결론을 내릴 때 반드시 충족해야 할 최소한의 선결조건인 셈이다.

정족수는 의사정족수와 의결정족수로 나눈다. 의사정족수는 회의체에서 회의를 진행하기 위해 필요한 출석 인원수를 뜻한다. 의결정족수는 법안 또는 탄핵소추와 같은 안건을 가결시키기 위해 필요한 최소 찬성수를 뜻한다. 상식적으로 사회적 파급력이나 영향력이 큰 의사결정일수록 정족수 기준이 엄격할 수밖에 없다. 대통령에 대한 탄핵소추안의 정족수가 다른 고위공무원의 탄핵소추안 정족수보다 더 높게 정해진 것이 대표적이다.

법치국가인 대한민국에서도 법 규정 곳곳에서 정족수에 대한 내용을 찾아볼 수 있다. 찬성이 반대보다 많아지는 '과반수'가 가장 일반적인 정족수다.

대한민국 헌법

제49조

국회의 의사는 특별한 규정이 없는 한 재적의원 과반수의 출석과 출석의원 과반수의 찬성으로 결정한다. 가부동수인 때에는 부결된 것으로 본다.

헌법에도 국회운영의 가장 기본적인 정족수 규정을 두고 있다. 헌법 제49조는 국회의 의사결정을 특별 규정이 없는 한 '재적의원 과반수' 출석과 '출석의원 과반수' 찬성으로 결정한다고 규정했다. 재적의원 과반수 출석이 앞서 언급한 의사정족수이며 출석의원 과반수 찬성이 바로 의결정족수다.

과반수는 말 그대로 절반이 넘는 숫자다. 즉, 찬성과 반대가 동수인 상황은 부결로 본다. 이 역시 '가부동수인 때에는 부결된 것으로 본다'고 헌법이 명확히 규정하고 있다. 헌법에는 여러 조항에서 별도 규정을 두어 일반정족수 대비 '강화된' 또는 '완화된' 정족수 규정을 두고 있다. 앞서 언급한 탄핵에 대한 정족수 역시 탄핵제도의 특수성을 감안한 특별정족수 규정이다.

그 외 헌법 제47조에 의해 국회 임시회의는 대통령 또는 국회재적의원의 4분의 1 이상 요구에 의해 집회하도록 규정한다. 최종 결정을 내리는 의결정족수와 달리 의사정족수는 의사결정을 위한 장을 열어주는 역할을 하기 때문에 다소 완화된 기준이 적용된다.

강화된 정족수 기준이 적용되는 대표적 사례는 헌법 제53조에 의한 대통령 재의요구권이다. 이는 입법부인 국회가 다시 의결할 법안이라도 행정부의 수장인 대통령이 이를 거부하고 다시 의결할 것을 요구할 수 있는 권한이다. 대통령이 재의를 요구한 법률안은 국회재적의원 과반수 출석과 출석의원 3분의 2 이상의 찬성으로 가결돼야 최종적으로 법률로 확정된다. 즉, 일반적인 정족수 규정으로 법률안이 통과되더라도 대통령이 거부할 경우 정족수 규정을 더욱 높이는 것이다. 이는 행정부와 입법부 간 견제와 균형을 정족수로 조율하는 대표적인 예시다.

대한민국 헌법

제47조

① 국회의 정기회는 법률이 정하는 바에 의하여 매년 1회 집회되며, 국회의 임시회는 대통령 또는 국회재적의원 4분의 1 이상의 요구에 의하여 집회된다.

제53조

① 국회에서 의결된 법률안은 정부에 이송되어 15일 이내에 대통령이 공포한다.

② 법률안에 이의가 있을 때에는 대통령은 제1항의 기간 내에 이의서를 붙여 국회로 환부하고, 그 재의를 요구할 수 있다. 국회의 폐회 중에도 또한 같다.

③ 대통령은 법률안의 일부에 대하여 또는 법률안을 수정하여 재의를 요구할 수 없다.

④ 재의의 요구가 있을 때에는 국회는 재의에 붙이고, 재적의원 과반수의 출석과 출석의원 3분의 2 이상의 찬성으로 전과 같은 의결을 하면 그 법률안은 법률로서 확정된다.

이를 바탕으로 시뮬레이션을 해보면 이렇다. 300석으로 구성된 대한민국 국회에서 180명이 본회의에 참석했을 경우 일반적인 법안 의결을 위한 출석정족수인 '재적 과반수 출석'은 300명의 절반인 150명을 넘었기에 기준을 충족했다. 이때 출석의원 과반수인 91명 이상이 찬성하면 해당 법안은 통과된다. 만약 통과된 법안이 대통령의 거부권 행사로 다시 의결에 들어간다면 재적 과반수 출석이 필요하므로 151명 이상이 참석하고 180명의 3분의 2인 120명 이상의 찬성이 있어야지 최종적으로 법률로 확정된다.

탄핵소추안의 경우 일반적으로 재적 과반수의 찬성이 있어야 하

국회 출석의원수와 정족수에 따른 의결 시뮬레이션

구분	재적의원수	출석의원수	의결 기준	결과
일반 법안 의결	300	180	출석 과반수 찬성 (91명 이상)	91명 이상 찬성 시 법안 통과
대통령 재의요구 법안	300	180	출석 151명 이상 + 3분의 2 찬성 (120명 이상)	120명 이상 찬성 시 법안 확정
일반 탄핵소추안	300	180	재적 과반수 찬성 (151명 이상)	151명 이상 찬성 시 탄핵소추안 통과
대통령 탄핵소추안	300	180	재적 3분의 2 찬성 (200명 이상)	200명 이상 찬성 필요 (180명 출석으로 불가능)

기에 300명의 재적의원의 과반수인 151명 이상이 찬성할 경우 해당 본회의에서 통과가 가능하다. 단, 대통령에 대한 탄핵소추안이었다면 재적의원의 3분의 2 이상이 찬성해야 하므로 가결정족수는 200명이다.

각하와 기각, 그리고 인용

탄핵심판 결정의 경우의 수는 3가지다. 각하却下, 기각棄却, 인용認容이다. 법률 용어인 각하는 한자어 그대로 돌려보낸다는 뜻을 갖고 있

각하, 기각, 인용의 비교

구분	각하	기각	인용
의미	소송 요건 불충족으로 본안 심리 없이 종료	본안 심리 후 청구 이유 없음	본안 심리 후 청구 이유 있음
심리 여부	X (본안 심리 없음)	O (본안 심리 후 불인정)	O (본안 심리 후 인정)
주요 원인	관할 위반, 제소 기간 경과 등	법적 요건 충족했으나 이유 없음	법적 요건 충족 및 이유 있음
판결 결과	소송 자체 종료	청구 기각	청구 인정

다. 기각과 그 효과는 비슷하지만 각하는 검토의 요건을 갖추지 못했기에 검토조차 하지 않고 돌려보낸다는 뜻이다. 당사자 능력 상실, 당사자 부적격, 또는 소의 이익이 없는 경우가 대표적이다. 대통령 탄핵심판의 경우 대통령이 심판 전 대통령 직에서 물러서거나 대통령직을 다른 이유로 상실할 경우 또는 심판 전 임기가 끝이 나는 경우에 탄핵심판의 당사자인 대통령이 없기 때문에 각하가 내려질 수 있다.

또한 소의 청구 자체가 부적절했거나 절차상 문제가 있을 경우에도 각하 판결이 내려질 수 있다. 반면 기각은 각하와 같은 결과를 내지만 그 내용이 엄연히 다르다. 기각은 내용에 대한 심사를 한 결과 그 이유가 타당하지 못하기에 인용하지 않는다는 뜻이다. 다만 각하

헌법재판소법

제23조(심판정족수)

① 재판부는 재판관 7명 이상의 출석으로 사건을 심리한다.

② 재판부는 종국심리終局審理에 관여한 재판관 과반수의 찬성으로 사건에 관한 결정을 한다. 다만, 다음 각 호의 어느 하나에 해당하는 경우에는 재판관 6명 이상의 찬성이 있어야 한다.

1) 법률의 위헌결정, 탄핵의 결정, 정당해산의 결정 또는 헌법소원에 관한 인용결정認容決定을 하는 경우

제53조(결정의 내용)

① 탄핵심판 청구가 이유 있는 경우에는 헌법재판소는 피청구인을 해당 공직에서 파면하는 결정을 선고한다.

② 피청구인이 결정 선고 전에 해당 공직에서 파면되었을 때에는 헌법재판소는 심판청구를 기각하여야 한다.

제54조(결정의 효력)

① 탄핵결정은 피청구인의 민사상 또는 형사상의 책임을 면제하지 아니한다.

② 탄핵결정에 의하여 파면된 사람은 결정 선고가 있은 날부터 5년이 지나지 아니하면 공무원이 될 수 없다.

나 기각이 내려지면 심판 청구를 받아들이지 않는다는 결과는 같다. 노무현 전 대통령의 경우 9명의 헌법재판관 모두 심판 결정에 참여해 '기각' 판결을 내렸다. 노무현 대통령이 헌법과 법률에 위반하는

행위를 했지만 파면해야 할 정도로 중대하지 않다는 취지였다. 추후 한 언론사는 9명의 헌법재판관 중 인용 3명, 기각 5명, 각하 1명이었다고 보도하기도 했다. 다만 당시 각 헌법재판관의 개별 입장을 밝혀야 한다는 법상 강제 규정이 없어 최종적으로 개별 재판관들의 의견이 공식적으로는 공개되지 않았다.

마지막으로 인용은 파면이 확정되는 판결이다. 정확히 6명 이상의 헌법재판관이 인용 결정을 내려야만 최종적으로 탄핵된다. 탄핵 소추의 이유가 합당하고 법 위반 사항이 탄핵되어야 할 정도로 중대하다는 뜻이다. 공직에 파면됨과 더불어 5년간 공무원이 될 수 없다. 탄핵과 별개로 민·형사상의 책임이 면제되지 않는다.

21세기 정치사를 뒤흔든 대한민국 탄핵사

1992년 제14대 대선 패배로 정계은퇴를 선언했던 김대중은 1995년 7월 정계 복귀를 선언하며 민주당을 탈당한 뒤 '새정치국민회의'를 창당한다. 이는 오늘날 더불어민주당의 시초라고 불리는 정당이기도 하다. 같은 해 박정희 정부에서 초대 중앙정보부장을 지냈던 군인 출신 김종필은 자유민주연합, 이른바 자민련을 창당하며 충청권의 맹주를 자처했다.

이후 DJP(김대중+김종필) 연대를 통해 극적으로 1997년 제15대 대선에서 승리를 거둔 김대중 대통령은 2000년 제16대 총선을 앞두고 전국정당으로의 확장성을 강조하며 '새천년민주당'을 창당했다. 새천년민주당은 차기 대선인 제16대 대선을 준비했고 국민들의 호응을 이끌어내기 위한 국민참여경선을 처음으로 시행했다.

대한민국 헌정사 첫 대통령 탄핵 사건

새천년민주당은 당원 대 일반 국민의 투표 비율을 50대 50으로 정하고 경선을 시작했다. 국민적 관심을 이끌어내고 경선의 흥행을 일으키기 위해 도입한 국민참여경선은 인지도가 낮던 군소후보를 일약 스타덤에 올리는 결정적 요인이 됐다. 2002년 '노풍盧風'이란 신조어와 정치인 팬덤을 만들어낸 노무현이 그 주인공이다. 새천년민주당 국민참여경선에서 돌풍을 일으키며 단숨에 대선 후보가 된 노무현은 대선에서 한나라당 이회창 후보까지 꺾고 대통령에 당선되어 2003년 2월 취임한다. 참고로 한나라당은 지금 국민의힘의 뿌리인 보수정당이다.

문제는 깜짝 스타로 경선과 대선을 내리 승리한 노 대통령과 집권여당인 새천년민주당의 사이가 껄끄러웠단 점이다. 여당 내에선 혜성처럼 나타나 단숨에 대통령까지 올라선 노 대통령을 인정하지 않는 분위기가 팽배했다. 이러한 양측의 갈등은 노 대통령 당선 후에도 이어졌다. 결국 노 대통령은 대통령 당선 후 낡고 호남색이 강한 새천년민주당의 쇄신을 주장하다 탈당을 택한다. 새천년민주당 내부에서도 결국 친노 소장파 의원들 주도 아래 신당 창당 수순에 들어갔다. 그렇게 2003년 11월 '열린우리당'이 탄생한다.

민주당 탈당파 40명과 한나라당 개혁파 5명, 개혁국민 소속 2명이 함께 만든 열린우리당은 47석의 초소형 집권여당이 됐다. 2004년 4월 15일로 예정된 제17대 총선을 약 5개월여 앞둔 시점이었다. 기존

여당이던 새천년민주당은 하룻밤 사이 야당으로 전락했다.

갈등은 총선이 다가오며 깊어졌다. 노 대통령은 총선 두 달여 전인 2월 24일 기자회견에서 "국민들이 총선에서 열린우리당을 압도적으로 지지해줄 것을 기대한다"며 "대통령이 뭘 잘해서 열린우리당이 표를 얻을 수만 있다면 합법적인 모든 것을 다하고 싶다"고 밝혔다. 이미 여러 차례 정치적 중립 위반 논란을 일으킨 노 대통령의 해당 발언은 결국 탄핵소추 도화선에 불을 붙였다.

새천년민주당은 한나라당과 공조해 2004년 3월 9일 총 157명 국회의원이 참여한 탄핵소추안을 발의했다. 여당인 열린우리당의 극렬한 반대로 아수라장을 연상케 하는 육탄전이 벌어진 끝에 탄핵소추안은 3월 12일 11시 55분, 재적 271명 의원 중 195명이 투표에 참석해 193명 찬성, 2명 반대로 가결됐다. 가결정족수 181명보다 12명이 더 많았다.

탄핵소추의결서에 따르면 탄핵소추의 이유는 정치적 중립 의무를 위반해 불법선거운동을 자행하고 부정부패를 저질렀으며 세계적인 경기 호황 속에서 국민경제와 국정을 파탄시켜 민생을 도탄에 빠트렸다는 것이다. 결국 노 대통령의 권한은 3월 12일 오후 5시 15분부로 정지됐고 고건 국무총리가 대통령 권한대행이 됐다.

헌정사 최초의 대통령 탄핵소추 이후의 여론이 들끓었다. 탄핵소추 당시 연합뉴스 여론조사에서는 탄핵 반대 의견이 78.2%로 21.5%의 찬성보다 3배 이상 높았다. 상당수 국민들은 노 대통령의 복귀를 주장하며 촛불집회를 시작했다. 국민들의 불안감이 표출된 셈이다.

결국 노 대통령의 권한이 중지된 상황에서 총선이 치러졌다. 열린우리당은 이러한 민심을 등에 업고 299석 중 과반 의석인 152석을 확보하는 대승을 거뒀다. 야당인 한나라당은 121석을, 새천년민주당은 9석을 얻는 데 그쳤다. 이는 민주화가 이뤄진 제6공화국 이후 치러진 총선 중 최초의 여대야소 국회였다.

이후 헌법재판소의 손에 넘어간 노 대통령 탄핵심판은 총 7차례의 변론과 11번의 평의 끝에 5월 14일 결론이 났다. 탄핵소추안이 통과된 지 62일만이다. 총 9명으로 구성된 헌법재판관은 이날 전원 출석해 탄핵심판에 대해 기각 결정을 내렸다.

윤영철 당시 헌법재판소장은 "대통령의 법 위반 행위가 헌법수호의 관점에서 중대한 의미를 가진다고 볼 수 없고, 파면 결정을 정당화하는 사유가 존재하지 않는다"고 밝혔다. 노무현 대통령이 헌법과 법률(공직선거법)에 위반되는 행위를 한 것은 맞지만 파면을 해야 할 정도로 중대하지는 않다는 의미다.

10년 만에 반복된 두 번째 대통령 탄핵

2004년 노무현 대통령 탄핵심판이 헌법재판소에서 기각된 이후, 대한민국에서 다시는 대통령 탄핵이 발생하지 않을 것이라는 예측이 많았다. 그러나 그로부터 10여 년 후, 대한민국 헌정사에서 두 번째 대통령 탄핵이 현실화한다.

2007년 대선에서 이명박 후보에게 패배했던 박근혜 전 한나라당 대표는 2012년 제18대 대통령선거에서 승리하며 대한민국 최초의 여성 대통령으로 취임했다. 박 대통령은 취임 초기 높은 지지율을 기록하며 순항했다. 그러나 시간이 지나면서 국정 운영 방식에 대한 비판이 늘어났다. 특히 비선 실세 논란이 반복적으로 수면 위로 떠올랐다 가라앉길 반복했다. 일부 언론과 야당에서는 박 대통령의 국정 운영 방식이 폐쇄적이며, 주요 정책 결정 과정에 측근들의 개입이 과도하다는 의혹을 제기했다. 하지만 당시에는 명확한 증거가 없어 큰 파장을 일으키지는 못했다.

그러던 2016년 여름, 두 개의 생소한 재단이 언론의 주목을 받기 시작했다. 미르재단과 K스포츠재단이란 단체가 대기업들로부터 수 100억 원 규모의 출연금을 받았다는 보도가 나온 것이다. 특히 이 재단들의 투명하지 않은 운영방식과 두 단체의 유사성, 그 배후에 대한 의혹이 계속 제기됐다.

언론의 취재가 이어지면서 이 재단들의 배후에 최순실이라는 인물이 있다는 사실이 밝혀졌다. 최순실은 박 대통령의 오랜 측근이자, 고故 최태민 목사의 딸로 알려져 있었다. 이후 점점 더 많은 정황이 드러났고, 의혹은 꼬리에 꼬리를 물며 최순실과 박근혜 대통령의 관계로 확장된다. 이른바 '박근혜-최순실 게이트'의 시작이다.

결정타가 된 것은 한 언론사의 '최순실 태블릿 PC' 보도였다. 해당 태블릿 PC에는 박 대통령의 주요 연설문과 정부 문서들이 저장되어 있었으며, 대통령 취임 전부터 최순실이 연설문을 수정하고 정부의 정책 결정 과정에 개입했다는 정황이 포착됐다.

이 보도는 대한민국 사회에 엄청난 충격을 안겨주었다. 보도 다음 날, 박 대통령은 대국민 사과를 발표했지만, 여론을 되돌리기에는 역부족이었다. 이후 추가적으로 여러 증거가 나오면서 최순실의 국정 개입 사실이 점점 명확해졌고, 이에 따라 검찰 수사도 본격화됐다. 결국 최순실은 구속됐고, 한 자리 수로 곤두박질한 박 대통령 지지율은 역대 대통령 중 최저 수준까지 떨어졌다.

국민들은 거리에 나와 대통령의 즉각적인 퇴진을 요구하기 시작했다. 2016년 11월부터 서울 광화문 광장을 중심으로 촛불집회가 매주 열렸고 점점 그 규모가 커졌다. 11월 12일에는 경찰 추산 43만 명, 주최 측 추산 100만 명이 참여하는 대규모 집회가 개최됐다. 이후 집회 규모는 더욱 확대되어 12월 3일에는 최대 230만 명이 참여한 것으로 추산됐다. 이는 대한민국 역사상 최대 규모의 시위였다.

정치권도 탄핵 절차를 본격적으로 추진하기 시작했다. 11월 21일, 야당인 더불어민주당은 탄핵을 당론으로 채택했다. 이후 새누리당 내 비박(비박근혜)계 의원들 또한 탄핵에 동참하면서 탄핵 정국이 조성됐다. 결국 12월 3일, 총 171명의 국회의원이 대통령 탄핵소추안을 발의했다. 탄핵소추의결서에는 대통령이 최순실 등 비선 실세에게 국정 운영을 맡기면서 대의민주주의 원칙을 훼손한 점, 공무원 인사권을 남용한 점, 기업들의 경제적 자유를 침해한 점 등이 주요 탄핵 사유로 명시됐다.

12월 9일, 국회 본회의에서 탄핵소추안이 표결에 부쳐졌다. 재석의원 300명 중 234명이 찬성표를 던지면서 탄핵소추안이 가결됐다. 이에 따라 박 대통령의 직무는 당일 오후 7시 3분부로 정지됐고 황교안 국무총리가 대통령 권한대행을 맡았다.

이후 헌법재판소는 본격적으로 탄핵심판에 착수했다. 총 17차례의 변론과 8차례의 평의를 거쳤다. 그리고 2017년 3월 10일 헌법재판소는 재판관 전원 일치(8명 만장일치)로 박근혜 대통령의 파면을 결정했다. 이로써 박근혜 대통령은 대한민국 헌정 사상 최초로 탄핵으로 대통령직을 상실했다.

헌법재판소는 판결문에서 박 대통령이 헌법과 법률을 위반한 사실이 인정되며, 국정 농단으로 인해 헌법 질서가 심각하게 훼손되었음을 명확히 했다. 이에 따라 박 전 대통령은 즉시 대통령직에서 물러났으며, 이후 검찰 수사를 통해 특정범죄가중처벌법상 뇌물죄, 직권남용권리행사방해죄 등의 혐의로 재판에 넘겨졌다.

박근혜 대통령 탄핵은 대한민국 헌정사뿐만 아니라 전 세계적으로도 주목받은 사건이었다. 민주주의 국가에서 현직 대통령이 탄핵으로 파면된 사례는 흔치 않다.

계엄에서 촉발된 세 번째 대통령 탄핵

2024년 12월 3일 밤 10시 23분. 윤석열 대통령은 6분가량의 긴급 대국민 특별 담화를 발표하며 '비상계엄'을 선포했다. 이는 1987년 출범한 제6공화국 이후 첫 계엄이자 1979년 이후 45년 만에 선포된 전국 단위 비상계엄이다. 또한 21세기 최초의 계엄령이다. 윤 대통령은 대국민 담화에서 국무위원 연쇄 탄핵으로 인해 행정부 운영이 마비되고, 예산안 처리 과정에서 야당이 주도한 법안들이 국가 재정을 위협했으며, 종북 반국가 세력에 대한 척결 필요성과 부정선거 의혹 해소를 위한 국가 비상조치가 필요했다며 계엄의 정당성을 강조했다.

7분 뒤인 10시 30분, 계엄군 10여 명이 경기도 과천의 중앙선거관리위원회에 진입해 통합선거인명부 서버를 촬영했다. 이는 현장 CCTV에 기록됐다. 같은 시간 국회에서는 경찰의 출입문 봉쇄가 시작됐다. 더불어민주당은 전체 의원을 긴급 소집했다. 국민의힘 역시 중진급 인사들을 중심으로 대응에 나섰다. 10시 55분, 국회 출입문이 차단되며 국회의원, 보좌관 등의 출입이 금지됐다.

밤 11시 23분 계엄에 따른 제1호 포고령이 공포됐다. 포고령에는 계엄 지역 내 질서 유지, 집회 금지 등의 조치가 포함됐다. 이어서 11시 48분, 계엄군은 헬기를 이용해 여의도 국회 경내에 진입했다. 자정을 넘겨 12월 4일 0시 22분, 계엄군은 국회 본청 출입문을 봉쇄했으나 상당수 국회의원들은 이미 본회의장에 입장한 상태였다. 0시 43분, 금융당국은 시장 충격을 우려해 유동성 무제한 공급 조치를 발표했고, 0시 45분에는 계엄군이 국회 본청 창문을 깨고 강제로 진입했다.

이런 긴박한 상황 속에 국회는 본회의를 개의했고, 1시 1분께 여야 의원 190명이 참석한 가운데 비상계엄 해제 요구 결의안이 만장일치

12·3계엄의 쟁점

헌법적 절차 문제	헌법 제77조 및 제89조에 따른 절차적 정당성 여부
국회 통고 여부	헌법 제77조 4항에 따라 국회에 지체 없이 통고해야 하지만 12·3계엄에서는 국회 통고가 이루어지지 않음
국무회의 심의 절차	헌법 제89조에 따라 국무회의 심사를 거쳐 계엄을 선포했는지 여부

로 통과됐다. 계엄 선포 후 약 3시간여 만이다. 국회가 계엄 해제를 의결한 것 역시 헌정사 최초다.

1시 30분, 국회에 진입한 계엄군이 철수를 시작했고 우원식 국회의장은 2시 1분 대통령에게 계엄 해제 의결을 통지했다. 윤 대통령은 4시 27분 직접 계엄 해제를 발표했다. 4시 29분 긴급 국무회의에서 계엄 해제가 공식 의결됐고 4시 49분 계엄사령부는 병력 철수 및 해체를 지시했다. 동이 틀 무렵인 5시 3분, 국무총리실은 계엄령이 완전히 종료됐음을 발표했다. 계엄 선포로부터 불과 6시간 30분 만이었다.

이후 대한민국의 정치사는 또다시 격랑에 휩쓸리게 됐다. 특히 이번 계엄은 과거의 트라우마로 오랜 기간 수면 아래 잠들어 있던 고도의 정치행위가 현실화된 하나의 사건이다. 그만큼 대한민국 정치 체제와 민주주의에 상당한 파급력을 미칠 것으로 보인다.

12월 3일 윤석열 대통령이 선포한 비상계엄은 6시간 만에 해제됐지만, 곧바로 계엄의 책임을 묻기 위해 윤 대통령에 대한 탄핵절차가 개시됐다. 더불어민주당, 조국혁신당, 개혁신당, 진보당, 기본소득당, 사회시민당 등 6개 범야권 정당 소속 191명의 의원은 공동으로 탄핵소추안을 발의했다. 탄핵소추는 비상계엄 선포의 위헌·위법성과 내란에 해당하는 국헌문란행위에 대한 위헌·위법성을 이유로 발의됐다. 다만 추후 내란과 관련된 부분은 국회 측이 철회하며 논란이 되기도 했다.

비상계엄 해제 사흘만인 12월 7일 토요일. 국회는 윤석열 대통령에 대한 탄핵소추안 표결을 위해 본회의를 개최했다. 그러나 재적의원 300명 중 195명만 참석하여 의결정족수(200명)를 채우지 못하면서 1차 탄핵소추안은 '투표 불성립' 처리됐다. 108석의 집권여당 국민의힘 의원들이 대거 불참한 탓이다.

범야권 연대는 곧바로 두 번째 윤석열 대통령 탄핵소추안을 발의했다. 2차 투표는 12월 14일 이뤄졌고, 1차 표결과 달리 300명 재적의원 전원이 탄핵소추안 표결에 참석했다. 국회재적의원의 3분의 2 이상의 찬성으로 통과되는 국회 탄핵소추안은 204명이 찬성해 가까스로 가결됐다. 반대가 85명, 기권이 3명, 무효가 8명이었다. 윤석열 대통령에 대한 탄핵소추안이 국회 문턱을 넘어간 순간이다.

국회의 손을 떠난 탄핵소추의결서는 대통령실과 헌법재판소로 전달됐다. 12월 14일 저녁 7시 24분, 의결서가 대통령실에 도착하며 윤석열 대통령의 직무는 정지됐고, 한덕수 국무총리는 대통령 권한대행에 착수했다. 동시에 헌법재판소는 탄핵심판 절차에 돌입했다.

윤석열 대통령에 대한 탄핵심판의 청구인 측인 국회 탄핵소추위원단은 정청래 국회 법제사법위원회 위원장을 비롯해 11인으로 구성됐다. 피청구인 대통령 측 변호인단은 윤갑근 변호사를 중심해 총 23인으로 꾸려졌다.

헌법재판소는 2025년 1월 14일 1차 변론을 시작으로 2월 25일 까지 총 11차례의 변론을 진행했다. 윤 대통령은 헌법재판소에 직접 출석해서 계엄 선포의 정당성을 피력했다. 계엄과 관련된 증인들이 다수 출석해 공방이 이어졌다. 변론 종결 후에도 헌재는 매일 또는 격일로 평의를 이어가며 깊은 논의를 거쳤다. 윤석열 대통령 탄핵심판은 변론 종결 후 38일이나 지난 2025년 4월 4일 선고됐다.

헌법재판소는 4월 4일 오전 11시 총 8명 헌법재판관 전원의 일치된 결정으로 탄핵을 인용했다. 윤 대통령은 박근혜 대통령에 이어 헌정사상 두 번째 탄핵으로 파면된 대통령으로 기록됐다. 헌법재판소는 국민 전체의 대통령으로서 자신을 지지하는 국민이 아닌 모든 국민을 대표하고 사회 통합을 이끌 책임이 있음에도 불구하고 이를 위반하고 통합 대신 분열을 초래했다고 밝혔다.

또한 군과 경찰을 동원해 국회 등 헌법기관의 권한과 국민의 기본권을 침해한 점은 헌법 수호 의무를 저버린 중대한 행위라고 판시했다. 무엇보다 민주공화국의 주권자인 국민의 신임을 배반한 것으로 대통령의 계엄은 위헌, 위법적 행위로 헌법 질서에 심각한 부정적 영향을 미쳤고 그 파급 효과도 중대했다고 강조했다. 따라서 대통령 파면에 따른 국가적 손실보다 헌법 수호의 이익이 더 크다는 판단에 따라 윤석열 대통령에 대한 파면을 결정했다.

헌법재판소법상 탄핵심판은 탄핵소추 이후 180일 이내에 해야 하는데 노무현 대통령 탄핵심판은 64일, 박근혜 대통령 탄핵심판은 92일이 소요됐다. 윤석열 대통령에 대한 탄핵심판은 112일이 걸렸다. 계엄 선포 후 122일 만이다. 최종변론 이후 선고까지의 기간의 경우 노 전 대통령과 박 전 대통령이 각각 14일, 11일 걸린 데에 비해 윤 대통령은 39일이 걸렸다.

헌법을 알면 민주주의가 보인다

02

정치의 규칙을 만드는 헌법의 가치

정치란 무엇일까? 사람들의 수만큼 정치에 대한 생각은 제각각이다. 또한 정치에 대한 관심 역시 상대적이다. 정치를 업으로 삼는 직업 정치인부터 정치에 무관심한 평범한 일반인까지 그 스펙트럼은 하늘부터 땅까지다. 이와 별개로 정치가 단순한 권력의 행사나 정책 결정에서 끝나면 안 된다는 점만은 분명하다. 정치는 국민의 삶을 더욱 나은 방향으로 이끌어나가야 한다. 그렇기에 정치는 더욱 기본에 충실해야 한다. 그 정치의 뿌리는 다름 아닌 '헌법'이다.

헌법이 없는 정치는 방향성을 잃은 나침반과 같으며, 법과 원칙이 없는 정치권력은 쉽게 무질서와 독재로 이어진다. 대한민국 역사가 이를 증명했다. 정치를 이해하기 위해서는 우선 헌법을 알아야 한다. 헌법은 단순한 법이 아니다. 국가의 최고 규범으로서 모든 법과 제도의 기준이자 근간이다. 대한민국의 통치구조와 국민의 권리·의무를

대한민국 헌법의 전체 구성

- **전문**前文
  - **제1장:** 총강
  - **제2장:** 국민의 권리와 의무
  - **제3장:** 국회
  - **제4장:** 정부
    - **제1절:** 대통령
    - **제2절:** 행정부
      - **제1관:** 국무총리와 국무위원
      - **제2관:** 국무회의
      - **제3관:** 행정각부
      - **제4관:** 감사원
  - **제5장:** 법원
  - **제6장:** 헌법재판소
  - **제7장:** 선거관리
  - **제8장:** 지방자치
  - **제9장:** 경제
  - **제10장:** 헌법개정
- **부칙**附則

규정한 최상위 법이라는 의미다. 헌법은 정치의 운영방식, 국가 권력의 기원, 국민의 권리와 의무 등을 정하는 국가 운영의 근본 법칙이다. 따라서 어떠한 법률, 제도, 정책도 헌법 위에 군림할 수 없다.

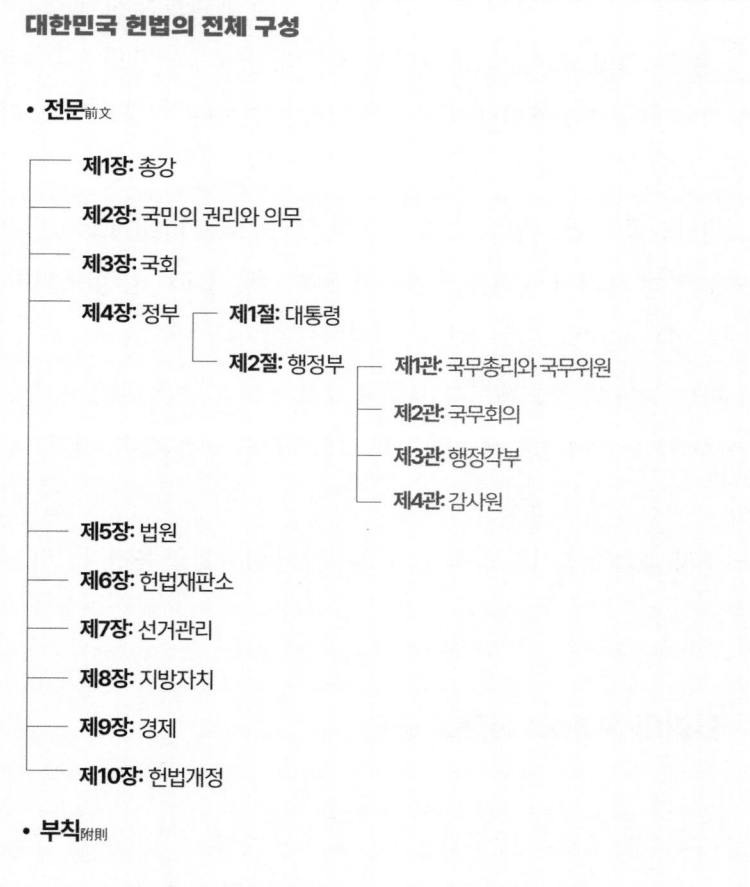

정치는 필연적으로 권력과 연결된다. 누가 권력을 행사할 것인지, 그 권력이 어떻게 배분되고 통제될 것인지, 권력을 남용할 경우 어떤 제재가 있는지를 결정하는 것도 헌법의 역할이다. 계엄과 탄핵제도 모두 헌법에 담겨 있는 제도들이다.

대한민국 헌법은 입법·행정·사법의 삼권분립을 규정하고 있다. 이 역시 특정 세력이 권력을 독점하지 못하도록 견제와 균형의 원리를 담고 있는 것이다. 만약 헌법이 존재하지 않거나 제대로 작동하지 않는다면 권력 남용을 제어할 제도적 장치가 제 기능을 하지 못한다고 볼 수 있다. 또한 헌법은 대통령과 국회의원의 선출 방식, 임기, 권한을 규정함으로써 정치적 안정성을 보장한다. 이를 통해 선거를 통한 민주적 정권 교체가 가능하게 하고 정치의 연속성을 유지시킨다.

헌법의 설계도: 전문과 총강

대한민국 헌법은 1948년 7월 17일 공포됐다. 7월 17일이 제헌절인 이유다. 그리고 현행 제6공화국 정치체제의 기틀이 되는 헌법 제10호는 1987년 10월 29일 공포됐다. 현재 대한민국 헌법은 총 10장 130조로 구성되어 있다.

다른 법과 달리 헌법은 전문前文이 존재한다. 전문은 성문화된 최고규범인 헌법의 정당성과 당위성을 담은 것으로 국가의 이념과 정체성을 품고 있다. 헌법의 이념적, 역사적, 철학적 기반을 담고 있는

대한민국 헌법 전문

유구한 역사와 전통에 빛나는 우리 대한국민은 3·1운동으로 건립된 대한민국 임시정부의 법통과 불의에 항거한 4·19민주이념을 계승하고, 조국의 민주개혁과 평화적 통일의 사명에 입각하여 정의·인도와 동포애로써 민족의 단결을 공고히 하고, 모든 사회적 폐습과 불의를 타파하며, 자율과 조화를 바탕으로 자유민주적 기본질서를 더욱 확고히 하여 정치·경제·사회·문화의 모든 영역에 있어서 각인의 기회를 균등히 하고, 능력을 최고도로 발휘하게 하며, 자유와 권리에 따르는 책임과 의무를 완수하게 하여, 안으로는 국민생활의 균등한 향상을 기하고 밖으로는 항구적인 세계평화와 인류공영에 이바지함으로써 우리들과 우리들의 자손의 안전과 자유와 행복을 영원히 확보할 것을 다짐하면서 1948년 7월 12일에 제정되고 8차에 걸쳐 개정된 헌법을 이제 국회의 의결을 거쳐 국민투표에 의하여 개정한다.

것이 특징이다.

대한민국의 헌법 전문은 단 한 문장으로 이뤄졌다. '대한국민은'이란 주어에서 알 수 있듯이 우리 국민이 헌법을 제정하고 개정하는 주체임을 분명히 밝히고 있다. 일제로부터의 독립을 상징하는 3·1운동과 대한민국 임시정부의 정통성을 계승했고 4·19혁명을 언급하며 민주주의 정신을 명시적으로 담았다. 아울러 국민의 권리와 의무를 강조하며, 국가가 추구해야 할 사회적 가치와 윤리적 이념도 포함하고 있다.

헌법 총강總綱은 대한민국 헌법 제1장으로 대한민국의 국가 정체성과 헌법의 기본원칙, 주권, 영토, 국민의 권리와 의무를 규정한다. 제1조부터 제9조까지 총 9개 조항으로 구성돼 대한민국 헌법의 주춧돌 역할을 한다. 특히 대한민국 정부의 형태와 운영의 기본 틀을 제시하기 때문에 중요한 부분이다.

대한민국 헌법 제1조는 우리가 독재주의와 군주제가 아닌 민주주의와 공화제를 선택했음을 분명히 밝히고 있다. 대한민국에서 모든 권력은 국민으로부터 나온다는 원칙을 헌법이 명확히 못 박은 것이다. 영화 〈변호인〉에서 배우 송강호가 연기한 송우석 변호사가 법정에서 울부짖듯 "대한민국 주권은 국민에게 있고 모든 권력은 국민으로부터 나온다! 국가란 국민입니다!"라고 외치는 모습은 국민이 주인인 대한민국에서 국가가 국민의 권리를 침해해서는 안 된다는 점을 강조하는 상징적인 장면이다.

헌법은 나라를 운영하는 공무원 역시 국민들을 위해 존재해야 한다고 분명히 밝힌다. 헌법 제7조는 공무원의 역할을 규정하면서, 그들이 특정 정당이나 개인이 아닌 국민 전체를 위해 봉사하는 존재임을 명시하고 있다. 또 공무원의 신분과 정치적 중립성은 법적으로 보호받아야 한다는 점을 강조한다. 공무원은 국민을 위해 일하는 것이지, 권력자들의 충성 경쟁을 하는 사람이 아니라는 뜻이다.

대한민국 정당제에 대한 조문이 바로 헌법 제8조다. 정당 설립의 자유를 보장하고 복수정당제를 인정한다. 즉, 누구나 정당을 만들 수 있으며 한 정당이 모든 권력을 독점하는 일은 헌법적으로 불가능하다. 정당의 목적·조직·활동에서의 민주적인 운영을 강조했으며 국민

대한민국 헌법 제1장 총강

제1조

① 대한민국은 민주공화국이다.

② 대한민국의 주권은 국민에게 있고, 모든 권력은 국민으로부터 나온다.

제7조

① 공무원은 국민 전체에 대한 봉사자이며, 국민에 대하여 책임을 진다.

② 공무원의 신분과 정치적 중립성은 법률이 정하는 바에 의하여 보장된다.

제8조

① 정당의 설립은 자유이며, 복수정당제는 보장된다.

② 정당은 그 목적·조직과 활동이 민주적이어야 하며, 국민의 정치적 의사형성에 참여하는 데 필요한 조직을 가져야 한다.

③ 정당은 법률이 정하는 바에 의하여 국가의 보호를 받으며, 국가는 법률이 정하는 바에 의하여 정당운영에 필요한 자금을 보조할 수 있다.

④ 정당의 목적이나 활동이 민주적 기본질서에 위배될 때에는 정부는 헌법재판소에 그 해산을 제소할 수 있고, 정당은 헌법재판소의 심판에 의하여 해산된다.

의 원활한 정치 참여를 지원할 수 있는 정당의 역할을 규정하고 있다. 정부는 정당이 국민을 대변하는 역할을 제대로 수행할 수 있도록 세금으로 정당 운영 자금을 보조하는 것을 의무화했다.

반대로 정당 목적과 활동이 반민주적일 경우 정부가 위헌정당을 헌법재판소에 제소해 정당을 해산할 수 있다. 정부가 정당해산심판의 소추권자고 헌법재판소에서 이에 대한 심판을 하는 구조다. 국회가 소추하고 헌법재판소가 심판하는 탄핵심판과 유사한 방식을 따르고 있다. 2013년 박근혜 정부는 통합진보당에 대한 정당해산심판 청구안을 헌법재판소에 제출했다. 그 결과 2014년 12월 총 9명의 헌법재판관 중 8명이 인용해 해산됐다.

헌법이 보장하는 기본권: 권리와 의무

국민의 기본권과 의무에 관한 헌법 제2장 규정은 실생활에서 체감할 수 있는 생활정치의 중요한 요소다. 정치가 우리와 무관하다고 생각하는 사람들도 자신의 권리와 의무가 정치에 의해 영향을 받고 있다는 점을 잘 인식하지 못할 뿐이다.

최저임금 인상 논쟁은 정치와 기본권이 직접 맞닿아 있는 대표적 사례다. 근로의 권리(제32조)와 인간다운 생활 보장(제34조)을 규정한 부분은 최저임금 인상 여부, 인상폭을 두고 정치적 논쟁의 근거가 된다. 최저임금이 대폭 인상되면 노동자의 입장에서는 환영할 만한 일이지만, 자영업자나 중소기업의 경우 인건비 부담이 커질 수밖에 없다. 이처럼 기본권과 경제적 이해관계가 충돌하는 사안에서 정치권은 첨예한 대립을 이어가고 있다.

2022년 제20대 대통령선거에서 대선 후보자들 간 논쟁이 있었던 기본소득 공약 또한 정치권에서 끊임없이 다뤄진 대표 이슈다. 기본소득은 국민 모두에게 조건 없이 일정 금액을 지급하는 제도다. 그 실현 가능성과 경제적 효과를 두고 찬반이 엇갈렸다. 특히, 헌법 제34조에서 보장하는 인간다운 생활을 할 권리와 연결되며 이를 실현하기 위한 정책적 수단으로서의 필요성이 강조됐다.

반면, 기본소득 시행에 따른 재원 마련 문제와 노동 의욕 저하 가능성 등이 쟁점이 되어 정치권에서는 강한 이견이 표출되기도 했다. 이처럼 기본소득 논쟁은 사회적 기본권과 국가 재정, 경제 구조의 변화 등을 둘러싼 복합적인 정치적 쟁점으로 자리 잡고 있다.

결국 정치의 역할이 국민의 권리를 보장하고 의무를 실현할 수 있도록 제도를 만들고 운영하는 것이란 측면에서 헌법 제2장은 정치의 기본 방향을 결정하고 정치적 제도와 정책이 어떻게 나아가야 할지를 안내한다. 또한 사회적 기본권을 통해 국민이 인간다운 삶을 살 수 있도록 국가의 적극적 역할을 요구한다.

무엇보다 국민 의무를 규정해 단순히 권리 행사뿐 아니라 공동체 구성원으로서의 책임도 강조한다. 국민의 권리를 최대한 보장함과 동시에 그에 따르는 의무 또한 균형 있게 규정한 것이다. 이를 통해 대한민국 헌법은 국민의 자유와 권리를 보호하면서도, 국가와 사회의 조화로운 발전을 도모하는 체계를 형성하고 있음을 보여준다.

대표적으로 헌법 제11조는 평등권을 보장하고 있다. 정치적 관점에서 국민 모두가 법 안에서 평등하기 위해서는 정치권의 노력이 무엇보다 중요하다. 헌법은 성별, 종교, 사회적 신분에 따른 차별 금지를 명시함으로서 소수자에 대한 차별 없이 모두에게 정치적 권리를

대한민국 헌법

제11조

① 모든 국민은 법 앞에 평등하다. 누구든지 성별·종교 또는 사회적 신분에 의하여 정치적·경제적·사회적·문화적 생활의 모든 영역에 있어서 차별을 받지 아니한다.

② 사회적 특수계급의 제도는 인정되지 아니하며, 어떠한 형태로도 이를 창설할 수 없다.

③ 훈장 등의 영전은 이를 받은 자에게만 효력이 있고, 어떠한 특권도 이에 따르지 아니한다.

제24조

모든 국민은 법률이 정하는 바에 의하여 선거권을 가진다.

제25조

모든 국민은 법률이 정하는 바에 의하여 공무담임권을 가진다.

보장하고 공정한 법 집행이 이뤄져야 함을 분명히 한다.

제12조부터는 국민의 자유권을 보장하고 있다. 신체, 종교, 사생활과 개인 존엄, 사상·표현의 자유, 재산권 등이 대표적이다. 제24조와 제25조에서는 선거권과 공무담임권을 규정해 직접적인 정치적 기본권을 다루고 있다. 제24조는 국민이라면 누구나 선거에 참여할 권리, 즉 투표권을 보장한다. 제25조는 일정한 요건을 갖춘 국민이 공무원이 될 수 있는 권리에 대한 조항이다. 이는 선거제도를 통해 선출된 국회의원이나 대통령에게 정당성을 부여한다. 또한 헌법 개정이나 국가적 중요 사안에 대한 국민투표도 헌법상 보장된 권리다.

헌법에서 정의하는 국민의 권리와 의무

인간의 존엄과 가치(제10조)	인간으로서 존엄과 가치, 행복추구권 보장
평등권(제11조)	법 앞의 평등, 성별·종교·사회적 신분 등에 따른 차별 금지
자유권(제12조~제22조)	신체의 자유, 사생활의 자유, 양심·교육·언론·집회·결사의 자유
참정권(제24조~제25조)	선거권, 공무담임권, 국민투표권
청구권(제26조~제30조)	재판을 받을 권리, 국가배상청구권, 범죄 피해자 구조청구권 등
사회권(제31조~제36조)	교육을 받을 권리, 근로의 권리, 인간다운 생활을 할 권리, 환경권 등
국민의 의무(제31조~제39조)	교육·근로·납세·국방의 의무 등

그 외에 청원권(제26조), 법률에 의한 재판을 받을 권리(제27조), 국가배상청구권(제29조) 등이 있다. 또 헌법은 사회적 기본권이라 불리는 인간다운 생활을 할 권리, 노동권, 교육을 받을 권리, 환경권을 보장한다. 특히 사회적 기본권은 민주주의가 정착한 후 정치권에서 더욱 주목하고 있는 만큼 앞으로도 그 중요성이 더욱 커질 전망이다. 이와 함께 납세의 의무(제38조), 국방의 의무(제39조), 교육의 의무(제31조 2항) 등 국민으로서 국가와 사회에 대해 책임져야 할 의무도 규정돼 있다.

뜨거운 감자가 된 헌법기관, 선거관리위원회

민주주의는 국민의 의사를 반영하는 정치체제다. 이를 실현하는 가장 중요한 방법이 선거다. 만약 선거가 공정하지 않다면 민주주의는 본래의 기능을 수행할 수 없고 국민의 신뢰를 잃는다. 그렇기에 대한민국 헌법은 선거의 공정성을 보장하기 위해 선거관리위원회(선관위)를 독립적인 헌법기관으로 두고 있다.

선관위는 단순히 투표와 개표를 관리하는 조직이 아니라, 선거 과정 전반을 감독하며, 공정한 경쟁이 이루어질 수 있도록 선거법 위반 행위를 단속한다. 또 정당 운영과 정치자금 관리, 국민투표의 진행 등 민주주의 핵심 요소를 담당하며 대한민국의 정치 질서를 유지하는 데 중요한 역할을 한다.

선관위가 독립적인 헌법기관인 이유

대한민국은 제2공화국을 출범시킨 제3차 개정헌법에서 선거관리를 위해 행정부와 분리된 독립 헌법기관 '중앙선거위원회'를 처음으로 신설했다. 이후 1963년 제3공화국 제5차 개헌에서 지금의 이름과 같은 '선거관리위원회'를 창설하며 현재 체제의 기틀을 다졌다. 건국 초기에는 정부가 선거를 직접 관리하는 구조였다. 하지만 부정선거 논란이 끊이지 않았고 결정적으로 이승만 정권의 3·15부정선거로 발생한 4·19혁명을 거치며 선거관리 기구가 독립해야 한다는 목소리가 커졌다. 그 결과 선관위가 탄생했다.

현재 선관위는 절차를 준수해 후보 등록부터, 선거운동, 후보자 및 정당관리, 투표, 개표까지 전체 선거 과정을 빈틈없이 관리한다. 헌법 개정안이나 주요 국가 정책에 대한 국민투표도 관장한다. 특히 헌법상 독립기구로 설치한 만큼 국가기관이 선거에 개입하는 것을 방지하고, 선거의 독립성을 보장하는 것이 무엇보다 중요하다.

현행 헌법은 제7장 제114조부터 제116조까지 선관위에 대한 내용을 다룬다. 독립적인 선거관리기구인 중앙선거관리위원회를 설치해 선거의 공정성을 확보하고 있으며, 선거의 기본 원칙과 절차, 정치적 중립성에 대한 규정을 담고 있다. 대통령선거, 국회의원총선거, 전국동시지방선거, 재보궐선거 등 공직선거를 관리하는 것이 선관위의 최우선 업무다.

헌법 제114조는 선거관리위원회의 설치와 기능을 규정하고 있다.

대한민국 헌법

제114조

① 선거와 국민투표의 공정한 관리 및 정당에 관한 사무를 처리하기 위하여 선거관리위원회를 둔다.

② 중앙선거관리위원회는 대통령이 임명하는 3인, 국회에서 선출하는 3인과 대법원장이 지명하는 3인의 위원으로 구성한다. 위원장은 위원 중에서 호선한다.

③ 위원의 임기는 6년으로 한다.

④ 위원은 정당에 가입하거나 정치에 관여할 수 없다.

⑤ 위원은 탄핵 또는 금고 이상의 형의 선고에 의하지 아니하고는 파면되지 아니한다.

⑥ 중앙선거관리위원회는 법령의 범위 안에서 선거관리·국민투표관리 또는 정당사무에 관한 규칙을 제정할 수 있으며, 법률에 저촉되지 아니하는 범위 안에서 내부규율에 관한 규칙을 제정할 수 있다.

⑦ 각급 선거관리위원회의 조직·직무범위 기타 필요한 사항은 법률로 정한다.

국가적 차원의 선거가 없는 평시에는 정당에서 치러지는 전당대회와 같은 당 단위 선거를 총괄하거나 선거법 위반 단속 업무를 수행한다. 또 정당의 설립과 해산, 운영 방식이 법에 맞게 이루어지는지를 감독하고 정당과 후보자들의 정치자금 수입·지출을 점검하여 불법적인 자금 흐름을 차단한다.

선출 규정을 다룬 2항에 따르면 선관위원은 기관의 독립성을 위해 대통령과 국회, 대법원장이 각각 3명씩을 임명하거나 선출한다. 정

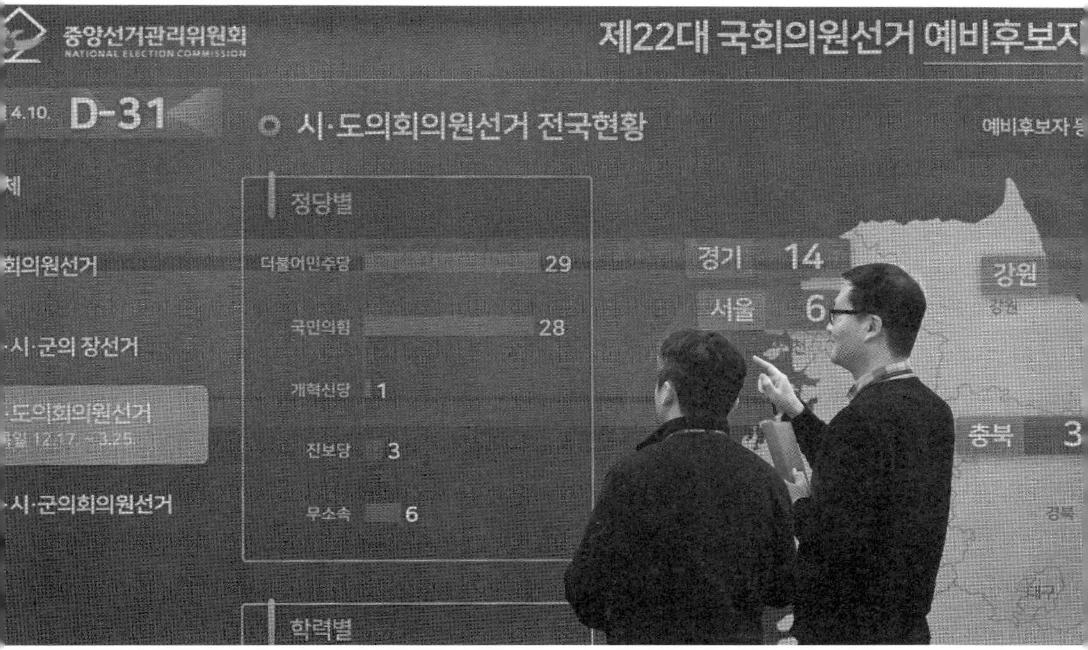

출처 매일경제신문 사진부

제22대 국회의원총선거를 한 달 앞둔 경기도 과천시 중앙선거관리위원회 선거종합상황실의 모습

치적 독립성과 중립성이 중요한 만큼 4항과 5항과 같이 정치적 중립 의무를 지며 신분이 보장된다.

대한민국 선거관리위원회는 중앙선거관리위원회를 중심으로, 전국 단위로 조직이 구성돼 있다. 중앙선거관리위원회는 헌법기관으로서 전국 선거를 총괄하고 선거 관련 법률 해석 및 행정지도를 담당한다. 시·도 선거관리위원회는 각 광역자치단체(서울, 경기, 부산 등)를, 구·시·군 선거관리위원회는 기초자치단체(구, 시, 군) 단위에서 선거를 직접 운영하고 관리한다.

중앙선거관리위원회는 총 9명의 위원으로 구성되어 있다. 대통령이 3명을 임명하고, 국회에서 3명을 선출하고 대법원장이 3명을 지명한다. 행정부, 입법부, 사법부에 공평하게 3명씩 배분해 삼권분립의 취지를 살리겠다는 의도다. 중앙선거관리위원장은 대법관을 겸임하는 선관위원이 맡는 것이 관례다. 또 위원장을 보좌하고 그 명을 받아 소속 사무처의 사무를 감독하기 위해 선관위원 중에서 상임위원을 선출한다. 위원들의 임기는 6년이다.

헌법 제115조 2항에 따라 선거기간 동안 지방자치단체는 선관위의 지시에 따르며 선거 관리 전반을 함께 아우른다. 선거운동의 공정성을 강조한 제116조는 선거운동의 균등한 기회 보장과 선거 비용의 후보자 전가 방지를 핵심으로 한 선거공영제에 대한 내용을 담고 있다.

공정성이 생명인 선거제도

다시 한번 정리해보면 헌법이 선거관리에 대한 규정을 두고 있는 것은 대한민국이 민주주의 국가로서 선거를 통해 정당성을 확보하는 체제이기 때문이다. 선거는 국민이 주권을 행사하는 중요한 수단이며, 공정한 선거가 이루어지지 않을 경우 민주주의의 근간이 흔들릴 수 있다.

2023년 언론 보도를 통해 전·현직 선관위 고위 간부들의 자녀들이 특혜 채용됐다는 의혹이 제기됐다. 내부 조사 결과 채용과 승진 과정에서 특혜가 있었음이 확인되면서 논란이 커졌다. 감사원이 감사를 추진했으나, 선관위는 헌법상 독립성을 근거로 이를 거부했다. 하지만 검찰 조사가 본격화하고 여론이 악화되자 선관위는 감사원 감사를 수용하는 방안을 검토함과 동시에, 감사원이 선관위를 감사할 권한이 있는지를 두고 헌법재판소에 권한쟁의심판을 제기했다.

그 결과 최근 헌법재판소는 선관위가 감사원의 감사 대상이 아니라는 결론을 내렸다. 감사원이 행정부 내부의 통제장치로서 기능하는 만큼, 헌법상 독립된 헌법기관인 선관위에 대한 감사 권한이 없다는 이유에서다. 그러나 감사원은 그동안 진행한 선관위 채용 및 인력관리 실태 감사 결과를 공개하며 여러 문제점을 지적하기도 했다.

특히 부정선거 의혹은 선거 때마다 반복적으로 나타나는 실체 없는 유령과 같다. 선관위 내부의 채용 비리와 같은 문제들이 반복된다면 이는 국민의 불신을 더욱 심화시킬 수밖에 없다. 선거를 관리하는 기관이 스스로 공정성을 훼손해버린다면 선거에 대한 신뢰 역시 함께 무너질 가능성이 크기 때문이다. 결국, 국민도 선거제도를 평가할 때 객관적인 사실과 증거를 바탕으로 판단해야 하며, 근거 없는 음모론에 휘둘리는 것이 아니라 합리적이고 검증된 정보를 바탕으로 민주주의를 지켜나가는 책임 있는 태도가 필요하다.

헌법에서 배우는
최소한의 경제

국민의 기본권 보호와 의무, 헌법기관의 구성과 운영 등 국가의 정체성을 담고 있는 헌법에 눈에 띄는 주제가 하나 있다. 바로 9장 경제다. 경제와 관련된 헌법조항(제119조~제127조)은 왜 존재할까? 이는 헌법이 단순한 정치·법률적 장치에 머무르지 않고, 국가 경제를 올바르게 작동시키는 필수적 원리도 담고 있기 때문이다.

무엇보다 한 국가의 경제적 수준은 결국 국민의 '삶의 질'과 직결된다. 삶의 질 향상의 관점에서 정치와 경제는 결국 불가분의 관계다. 이는 역사적으로 대부분 국가의 헌법이 경제 조항을 포함하게 된 핵심 이유이기도 하다. 특히 20세기 중후반 미국의 자본주의와 소련(지금의 러시아)의 사회주의가 첨예하게 대립하면서 '경제체제 경쟁'은 단순한 경제적 논쟁을 넘어 이념적 우열을 가리는 결정적 요소로 작용했다. 그 결과 헌법 속 경제 조항은 단순한 법적 규정을 넘어 국

대한민국 헌법

제119조

① 대한민국의 경제 질서는 개인과 기업의 경제상의 자유와 창의를 존중함을 기본으로 한다.

② 국가는 균형 있는 국민경제의 성장 및 안정과 적정한 소득의 분배를 유지하고, 시장의 지배와 경제력의 남용을 방지하며, 경제주체 간의 조화를 통한 경제의 민주화를 위하여 경제에 관한 규제와 조정을 할 수 있다.

가 이념의 주요한 축이 될 수밖에 없다.

헌법 제119조는 대한민국 경제체제가 자유시장경제를 원칙으로 하되, 사회복지와 균형발전을 고려한 수정자본주의를 지향한다고 밝히고 있다. 이어 제120~제122조는 국토의 이용과 개발에 관한 원칙을, 제123조~제127조는 중소기업 보호·육성, 건전한 소비 행위 장려, 대외무역 촉진, 민간기업의 국유화 금지, 과학기술 발전 등 경제 성장과 균형을 위한 국가의 역할과 방향을 담았다. 즉, 헌법 속 경제 조항들은 단순한 선언적 의미를 넘어, 국가 경제의 근본 원칙과 운영 방향을 헌법적 가치로 규정하는 중요한 역할을 하고 있다.

결국 헌법의 경제 조항이 명확할수록 국가 운영 원칙이 더욱 뚜렷하게 드러난다. 나아가 재산권, 직업 선택의 자유와 같은 대한민국 헌법이 보장하는 경제적 기본권을 보장하기 위해서라도 경제 관련 조항은 필수적이다. 먹고 사는 문제는 결국 경제 문제로 귀결되고 이는 일반 국민들의 최대 관심사일 수밖에 없다. 그리고 국민 관심사는 당연하게도 정치인들이 가장 귀 기울이는 핵심 의제가 된다.

건국 이후 오랜 기간 대한민국 국민의 염원이자 가장 중요한 과제는 독재 권력을 극복하고 민주화를 이루는 것이었다. 반면 민주화가 정착한 오늘날, 우리 세대의 가장 큰 관심은 '어떻게 잘 사느냐'다. 삶의 질을 높이고 경제적 안정을 갖추는 것이 가치 있는 일로 여겨진다. 경제가 발전하고 소득 수준이 높아지면서 경제와 관련된 정책과 법안들은 유권자의 선택을 좌우하는 핵심 요소가 됐고 정치인들에게도 최우선 과제가 됐다.

특히 대통령제 국가인 대한민국에서 경제 정책은 대통령과 정부가 주도권을 쥘 수밖에 없다. 그렇기 때문에 대선철만 되면 경제 정책이 중요한 이슈로 부각된다. 실제로 민주화 이후 대선마다 경제적 상황이 결과에 영향을 미치거나 경제 공약이 선거의 큰 변수로 작용하기도 했다.

1997년 외환위기 당시 당선된 김대중 대통령은 경제 위기 극복을 핵심 공약을 내세웠다. 2007년 이명박 대통령은 경제 성장 정책인 7·4·7(경제 성장률 7%, 국민소득 4만 달러, 세계 7위 경제대국 진입) 공약을 앞세워 '차별 없는 성장'을 약속한 정동영 대통합민주신당 후보를 압도적인 표 차이로 이겼다.

2012년 대선부터 본격적으로 떠오른 '경제 민주화' 논란은 정치에서 경제 정책의 중요성을 입증했을 뿐 아니라 한국 정치 문화가 이념

중심에서 정책 중심으로 바뀌고 있음을 보여준 상징적 사건이다. 경제 민주화는 시장경제의 기본 원칙을 유지하면서도 경제적 불평등을 완화하고 대기업과 중소기업, 자본가와 노동자 간 공정 경제 질서를 구축하고자 하는 정책 개념이다. 소수의 경제 권력 집중을 방지하고 경제적 기회와 부의 분배를 균형 있게 해나가는 것이 목표다.

특히 대기업 중심으로 급속히 발전했던 대한민국 경제 성장의 부작용이 부각되면서 이를 둘러싼 갑론을박은 지속적으로 확산되는 분위기다. 대한민국은 그 어느 나라보다 대기업이 전체 국내총생산GDP에서 차지하는 부분이 많은 나라다. 이로 인해서 경제 성장의 불균형과 불평등 문제 같은 고속 성장의 어두운 그림자가 선명하게 자리 잡고 있다. 이러한 갈등은 정치권이 지지층을 결집시키거나 중도층을 끌어들이는 데 큰 힘이 될 뿐 아니라 가장 정쟁화하기 쉬운 요소로 작용한다.

특히 경제 민주화를 필두로 한 최근 정치권에서 경제 정책의 흐름은 선명성 경쟁보다는 포용성과 확장성에 초점이 맞춰지고 있다. 과거처럼 '니 편 아니면 내 편'식의 대결 구도를 만들기보다는, 중도층을 공략하는 것이 필승전략이기 때문이다.

2012년 대선 때 박근혜 당시 새누리당 후보는 경제 민주화 전도사로 불리던 김종인 전 의원을 영입해 양극화 해소, 재벌 개혁 등 18가지에 달하는 경제민주화 공약을 내걸며 보수정당으로서는 파격적인 좌클릭을 시도했다. 그 결과 기존 보수층뿐 아니라 중도·진보층 일부를 흡수하며 대선에서 승리할 수 있었다.

이재명 더불어민주당 대표가 최근 더불어민주당을 '성장'을 중시하는 중도보수 정당이라고 밝힌 점 역시 당 안팎의 논란을 가져오기도 했다. 전통적으로 분배 정의, 노동층 존중 등 진보적 가치를 지향해온 더불어민주당 내부에서는 이 대표의 발언이 당 정체성과 어긋난 발언이라고 지적한 것이다. 이러한 이 대표의 발언을 두고 기존 지지층뿐 아니라 중도층과 보수층을 품으면서 지지층을 확장하기 위한 정치적 판단이라는 분석도 나온다.

결국 정치권의 경제 정책은 시대의 변화와 발전에 따라 '보수는 성장, 진보는 분배'라는 고정관념을 무너트리고 '국민을 위한 실질적 정책'으로 발전하고 있다. 헌법이 보장하고, 정치가 형성하며, 정책이 만들어가는 경제 시스템은 궁극적으로 국민들의 삶을 개선하는 방향으로 수렴될 수밖에 없다.

민주주의의 마지막 문지기, 헌법재판소의 모든 것

헌법재판소는 헌법재판을 전담하는 최고법원이자, 법원과 더불어 사법부를 구성하는 양대 헌법기관 중 하나다. 헌법 제111조에 따라 대한민국 헌법재판소는 위헌법률심판, 탄핵심판, 정당해산심판, 권한쟁의심판, 헌법소원심판을 관장한다. 사건번호는 순서대로 가, 나, 다, 라, 마 또는 바로 배정받는다. 예를 들어, 사건번호가 2024헌나8라면, 2024년도에 국회가 청구한 8번째 탄핵소추심판(헌나)이란 뜻이다.

현재의 헌법재판소는 1987년 국민투표로 확정된 현행 제9차 개정헌법에 신설한 헌법기관이다. 1948년 제헌헌법 당시 헌법위원회라는 기관이 헌법재판소의 전신이며 당시 위헌법률심판만 담당했었다. 이후 1960년 제2공화국 헌법에서 헌법재판소란 이름이 처음 등장했지만 11개월 만에 막을 내린 제2공화국과 함께 사라졌다. 이후

헌법재판소가 관장하는 헌법심판의 유형

구분	내용	사건번호 기호
위헌법률심판	법률이 헌법에 위배되는지 심사	헌가
탄핵심판	대통령 등 고위공직자의 탄핵 여부 심사	헌나
정당해산심판	정당이 민주적 기본질서를 위배했는지 판단하여 해산 여부 결정	헌다
권한쟁의심판	국가기관 또는 지방자치단체 간 권한 다툼 해결	헌라
헌법소원심판	공권력 행사로 기본권이 침해되었는지 심사	헌마, 헌바

5·16 군사정변이 발생하고 군부독재 시절 헌법위원회가 다시 만들어졌지만 유명무실했다. 이후 현행 헌법이 수립되며 다시금 헌법재판소가 부활한 것이다.

위헌법률심판과 탄핵심판

위헌법률심판은 특정 법률이 헌법이라는 최고 규범에 부합하는지를 판단하는 절차다. 입법부인 국회에서 통과돼 만들어진 법이더라도 헌법과 충돌하거나 합치하지 않는다면 해당 법률의 효력을 상실할 수 있다. 위헌 여부를 심판해달라는 제청권은 법원에 있으며, 법원이 직권으로 제청할 수도 있고, 소송 당사자의 신청을 받아들여 헌법재판소에 제청할 수도 있다. 특히 해당 법률의 위헌 여부가 현재 진행 중인 재판의 핵심적인 판단 기준이 돼 재판 결론에 영향을 미칠 수 있어야 한다.

예를 들면, 법원이 사형제도가 헌법이 보장하는 생명권(제10조)과 인간의 존엄성(제37조 2항)에 위배되는지에 대한 판단이 필요할 경우 사형제의 위헌 여부를 판단해달라고 헌법재판소에 요청할 수 있다. 이 경우 헌법재판소는 이를 검토해서 해당 제도가 헌법에 위반되는지를 결정한다.

위헌법률심판은 헌법재판관 7명 이상 출석으로 사건을 심리하고 재판관 6명 이상 찬성해야 위헌 결정을 내릴 수 있다. 탄핵 인용, 정당해산 결정, 헌법소원 인용 등도 과반이 아닌 6인 이상의 찬성이 있어야 한다. 위헌법률심판에서 헌법재판소가 법률의 위헌 여부를 판단할 때, 단순히 '위헌' 또는 '합헌'으로만 결론내지는 않는다. 법률이 헌법에 위배된다고 판단되더라도 그 적용 방식이나 법적 공백 등을 고려해 여러 가지 형태로 결정이 내려진다.

위헌판결의 경우에도 즉시 효력을 상실하고 그 효과가 소급되는 '위헌' 결정, 특정한 해석이나 적용 방식이 위헌이라는 '한정위헌', 법률 조항이 위헌이지만 즉시 무효 시 법적 공백이 생기니 일정 기간 내 법을 개정하는 것을 조건부로 위헌임을 밝히는 '헌법불합치', 법률 조항의 일부가 위헌이므로 해당 부분만 삭제하고 나머지는 유지하는 '일부위헌' 등으로 분류된다. 반대로 합헌 결정이 내려지면 해당 법률은 그대로 유지된다.

위헌법률심판의 대표적 위헌결정 사례는 2015년 간통죄 위헌 결정과 2019년 낙태죄 헌법불합치 결정이다. 형법에서 낙태를 한 여성과 시술한 의사를 처벌하는 조항에 대해 헌법재판소는 "여성의 자기결정권을 과도하게 침해한다"며 위헌성을 인정했지만 낙태 관련법이 즉시 사라질 경우 사회적 혼란이 예상되었기 때문에 국회가 2020년까지 관련법을 개정하도록 기한을 부여했다. 반대로 사형제, 양심적 병역거부 처벌 조항, 국가보안법 등은 갑론을박 가운데 여전히 합헌 결정이 내려진 대표적 위헌법률심판 사례다.

앞서 자세히 살펴봤던 헌법재판소의 탄핵심판은 국회가 탄핵심판 청구를 위한 탄핵소추안을 가결하면 시작된다. 국회재적의원 3분의 1 이상 발의, 국회재적의원 과반수 찬성으로 가결된다. 단, 대통령 탄핵은 국회재적의원 과반수 발의, 국회재적의원 3분의 2 이상의 찬성으로 가결된다. 탄핵심판은 헌법재판관 7인 이상이 심리하고 그중 6인 이상 찬성해야만 인용된다.

정당해산심판

민주주의 국가에서 정당은 국민의 정치적 의사를 대변하고 정책을 실현하는 핵심 역할을 한다. 하지만 만약 특정 정당이 민주주의 체제를 위협하거나 헌법 질서를 파괴하려 한다면 어떻게 해야 할까? 이를 대비해 대한민국 헌법은 위헌정당해산심판제도를 두고 있다.

사실 헌법상 위헌정당해산제도를 보장한 것은 아이러니하게도 정당 설립의 자유를 지키기 위해서다. 정당의 강제해산을 오직 정당해산 심판으로만 할 수 있도록 규정해 해산의 허들을 높여놓은 것이다. 헌법에 보장된 정치의 자유를 최대한 폭넓게 보장하기 위한 의도적 장치다.

헌법재판소 출범 이래 정당해산심판은 딱 1번 있었다. 2013년 박근혜 정부 당시 통합진보당 해산 심판이 유일한 사례다. 정부 측은 통합진보당이 북한을 추종하는 종북 정당으로 자유민주주의 체제를 위협할 수 있다는 이유로 헌법재판소에 정당 해산을 청구했다. 2013년 11월 국무회의를 열어 통합진보당 위헌정당해산심판 청구를 심의·의결한 후 사건이 헌법재판소로 넘어갔다.

약 1년간의 심리 끝에 2014년 12월 19일 총 9명의 헌법재판관 중 8인의 인용으로 정당해산이 최종 결정됐다. 헌법재판소는 통합진보당이 북한식 사회주의 체제를 지향하고 민주주의 질서를 위협한다는 점을 해산 이유로 들었다. 헌법재판소의 처음이자 유일한 위헌정당해산심판 인용으로 통합진보당은 즉각 해제됐고 소속 의원 5명은 전원 의원직을 박탈당했다.

권한쟁의심판

권한쟁의심판은 개인이 아닌 '국가기관 간' 갈등을 조율하는 헌법재판이다. 두 개 이상의 국가기관이 특정 업무나 권한의 범위를 두고 분쟁이 발생했을 때, 이를 해결하기 위해 헌법재판소에 심판을 청구할 수 있다. 특히 지방자치제도를 시행 중인 대한민국에서 중앙정부와 지방자치단체 간의 권한 다툼이 자주 발생한다. 이 외에도 대통령과 국회, 국회의장과 국회의원, 구청과 대통령, 지자체와 지자체 간 등 국가기관이라면 누구나 당사자가 될 수 있다.

앞서 살펴본 3가지의 심판과 달리 권한쟁의심판은 7인 이상 재판관 출석과 출석 재판관 과반수 찬성으로 의결할 수 있다. 다만 종전 헌법재판소가 판시한 헌법 또는 법률 해석을 변경할 경우처럼 결정의 영향력이 클 경우 6인 이상의 찬성이 필요하다.

한덕수 국무총리 탄핵소추안 의결 당시 국회 의결정족수를 놓고 '국회와 국회의장 간' 권한을 다룬 '2024헌라8' 사건이 대표적이다. 대통령 권한대행인 한 총리에 대한 탄핵소추 인용정족수 기준이 대통령인지, 국무총리인지 여부에 대한 다툼이었다. 이처럼 권한쟁의심판은 국가기관 간의 권한과 책임을 조율하는 역할을 하며, 국가기관 간의 갈등을 해결하는 핵심적인 헌법재판이다.

헌법소원심판

헌법소원심판은 헌법재판 중 개인이 직접 청구할 수 있는 유일한 심판이다. 법의 약자인 개인의 헌법적 권리를 보호하는 최후의 보루인 셈이다. 헌법소원심판은 국가의 공권력 행사 또는 불행사로 인해 헌법상 기본권이 침해된 경우 이를 침해받은 개인이 헌법재판소에 청구한다. 침해의 원인이 된 공권력 행사를 취소하거나 불행사로 인한 침해 시 행사를 강제하도록 하는 심판이다.

특히 국민이라면 누구나 청구할 수 있을 뿐 아니라 성질상 기본권을 가질 수 있는 범위 내에서는 회사와 같은 법인도 청구권이 있다. 반대로 공권력의 위헌성을 판단하는 심판인 만큼 정부기관이나 공법인은 청구인이 될 수 없다.

헌법재판소법

제68조(청구사유)

① 공권력의 행사 또는 불행사不行使로 인하여 헌법상 보장된 기본권을 침해받은 자는 법원의 재판을 제외하고는 헌법재판소에 헌법소원심판을 청구할 수 있다. 다만, 다른 법률에 구제절차가 있는 경우에는 그 절차를 모두 거친 후가 아니면 청구할 수 없다.

② 제41조 제1항의 규정에 의한 법률의 위헌여부심판의 제청신청이 기각된 때에는 그 신청을 한 당사자는 헌법재판소에 헌법소원심판을 청구할 수 있다. 이 경우 그 당사자는 당해 사건의 소송절차에서 동일한 사유를 이유로 다시 위헌여부심판의 제청을 신청할 수 없다.

헌법재판소법 제68조에 따르면, 헌법소원은 두 가지 유형으로 나뉜다. 제1항에 따른 '권리구제형 헌법소원'과 제2항에 따른 '위헌심사형 헌법소원'이다. 이에 따라 사건번호도 헌마, 헌바로 나뉜다.

권리구제형 헌법소원은 공권력의 행사 또는 불행사로 인해 헌법상 보장된 기본권이 침해된 경우, 그 침해의 위헌성을 다투는 심판이다. 단, 법원의 재판은 헌법소원의 대상에서 제외되며, 다른 법률에 구제 절차가 마련되어 있는 경우 이를 모두 거친 후에만 청구할 수 있다.

청구는 기본권 침해가 있음을 안 날로부터 90일 이내, 또는 기본권 침해가 발생한 날로부터 1년 이내에 해야 하며, 이 기간을 넘기면 청구 요건 미비로 각하된다. 헌법재판소가 청구를 적법하다고 판단하고 기본권 침해가 인정되면, 해당 공권력 행위를 취소하거나 불행사가 위헌임을 선언할 수 있다.

대표적인 사례는 이른바 '주 52시간 법'이라고 알려진 근로기준법 제53조 1항에 대한 위헌 심판이다. 일부 사업주와 근로자는 주당 최대 노동시간을 52시간으로 정한 근로기준법에 대해 계약의 자유와 직업의 자유 등 기본권을 침해한다고 헌법재판소에 헌법소원을 신청했다.

그러나 2024년 헌법재판소는 주 52시간제는 실근로시간 단축과 휴일근로 억제로 근로자의 건강과 안전을 보호하기 위한 것이라며 계약과 직업의 자유를 제한받지만 장기장 노동 문제를 해결해야 할 필요성이 더 크다는 이유로 합헌 결정했다. 당시 청구인들은 최저임금제도 또한 계약의 자유를 침해한다는 이유로 위헌 심판을 청구했다. 하지만 헌법재판소는 최저임금제도가 고용노동부장관의 결정과 고시를 통해 이루어지는 행정작용이라는 점에서 헌법소원의 청구요건이 충족되지 않았다고 판단해 각하했다.

또 2021년 사실적시에 의한 명예훼손죄를 규정한 형법 제307조의 위헌 여부 심판을 청구한 헌법소원 사건에 대해서 헌법재판소는 합헌 5표, 위헌 4표의 의견으로 기각 결정했다. 헌법재판관 사이에서도 팽팽한 입장 차이가 보인 결과다. 세계적으로 사실적시에 의한 명예훼손죄 처벌을 폐지하는 추세를 감안했을 때 언제든 변화할 수 있다는 의견도 나온다.

헌법재판소법 제68조 2항에 다루는 위헌심사형 헌법소원은 위헌법률심판과 유사한 성격을 가진다. 민사소송 또는 형사소송을 진행 중인 당사자는 소송에 적용될 법률이 위헌이라 생각될 경우 법원 측에 위헌법률심판 제청을 해줄 것을 요구할 수 있다. 하지만 해당 요청이 받아들여지지 않을 경우 당사자는 헌법재판소에 직접 위헌심사를 청구할 수 있다.

법원으로부터 위헌법률심판 제청 신청이 기각 또는 각하됐다는 결정문을 송달받은 후 30일 이내에 청구해야 한다. 그 심판청구가 적법하고 이유 있을 경우 헌법재판소가 해당 법률에 대해 위헌결정을 내리고 법률의 효력은 사라지게 된다.

헌법재판소 법관 임명을 둘러싼 '균형 게임'

헌법에 따르면 헌법재판소는 법관의 자격을 가진 9인의 재판관으로 구성하며 대통령이 임명권을 갖는다. 다만 3명은 대통령이 지명과 임명까지 하지만 나머지 6명 중 3명은 국회가, 또 나머지 3명은 대법원장이 지명한다. 이는 정치적 중립성과 사법부의 독립성을 확보하기 위한 나름의 견제장치다.

그러나 탄핵심판과 같이 정치적으로 민감한 사안이 발생할 경우, 헌법재판소는 중립성 논란에 휩싸이게 된다. 대통령이 임명한 재판관은 정권의 성향과 가까울 가능성이 크다는 지적이 있으며, 국회 몫의 재판관도 여야 간 합의를 통해 선출해야 하지만 정치적 대립이 심할 경우 임명 과정에서 상당한 진통이 발생한다.

헌법재판관의 임기는 6년이며 연임이 가능하지만, 관례적으로 연임은 하지 않는 편이다. 이는 대통령의 임기(5년)와 유사한 구조 때문으로, 정권이 교체될 때마다 헌법재판소의 정치적 중립성 논란이 반복되는 원인이 되기도 한다. 대법원장이 헌법재판관 3명을 지명하는 방식도 사법부의 독립성과 충돌한다는 비판이 있다. 이를 해결하기 위해 독립적인 추천위원회를 구성해 재판관을 선발하거나, 임기를 조정해 대통령 임기와의 연계성을 줄여야 한다는 개혁 방안도 논의되고 있다.

대한민국의 새판 짜기,
개헌의 힘

헌법은 국가 규범의 근간이 되는 법이다. 따라서 헌법을 개정하면 기존의 법률 체계와 행정 시스템, 정치·경제·사회 구조 전반이 큰 영향을 받을 수밖에 없다. 단순한 법률 개정과 달리, 헌법 개정은 국가 운영의 틀 자체를 변화시키는 중대한 작업이다. 개헌은 국가 운영 방식의 변화를 의미하기 때문에 그 필요성과 방향성에 대한 국민적 공감대 형성이 필수적이다. 개정 과정에서도 철저한 절차적 정당성이 요구된다.

특히, 대한민국은 사회적 합의에 의해 이루어진 정상적인 개헌보다는 권력 유지나 정치적 목적을 위한 비정상적 개헌이 많았다. 발췌 개헌, 사사오입 개헌, 소급입법 개헌, 유신 헌법 개헌이 대표적이다. 그래서 더더욱 개헌 절차와 방식에 대한 논의는 신중할 수밖에 없다. 국민의 직접적인 의사가 충분히 반영될 수 있도록 민주적이고 투명한 절차를 거쳐야 한다. 결국 개헌은 단순한 법 개정이 아니라 국가의 미래를 설계하는 작업이며, 그 과정에서 모든 국민이 관심을 갖고 논의에 참여할 책임이 있는 중요한 과제다.

대한민국의 제헌헌법부터 여러 차례 개헌이 이루어져 왔으며, 이에 대한 역사적 흐름은 1장에서 자세히 다뤘다. 제헌헌법은 대통령을 간접선거로 선출하고, 4년 임기로 1회에 한해 중임을 허용했다. 삼권분립을 명시한 점은 현행 헌법과 같지만, 부통령제를 헌법으로 보장하고 있었다. 또 탄핵 업무와 헌법재판 기능을 구분하기 위해 탄핵위원회와 헌법위원회를 따로 뒀었다.

이후 대한민국에서는 수차례의 위법적이고 위헌적인 개헌이 반복됐다. 그리고 1987년 이루어진 제9차 개헌은 합법적 절차를 거친 민주적 개헌으로, 현재까지 유지되고 있는 마지막 개헌이다. 9번째 개헌을 통해 만들어진 헌법이므로 이를 '제10호 헌법'이라고 부른다. 만약 이후 개헌이 이루어진다면 '제11호 헌법'이 되고, 현행 제6공화국 체제는 제7공화국으로 바뀐다.

개헌이 국가 운영과 사회 전반에 미치는 영향이 크기 때문에, 헌법 자체에 개헌 절차가 상세히 규정되어 있다. 헌법 제128조부터 제130조까지가 바로 개헌 절차를 명시한 조항이다.

헌법 개정은 단순한 법률 개정보다 훨씬 엄격한 절차를 거친다. 헌법 개정은 국회재적의원 과반수 또는 대통령의 발의로 제안될 수 있다. 발의된 개정안은 대통령이 국민에게 최소 20일 이상 공고해야 한다. 이는 국민이 개정안의 내용을 충분히 숙지하도록 하는 절차다.

대한민국 헌법

제128조

① 헌법개정은 국회재적의원 과반수 또는 대통령의 발의로 제안된다.

② 대통령의 임기연장 또는 중임변경을 위한 헌법개정은 그 헌법개정 제안 당시의 대통령에 대하여는 효력이 없다.

제129조

제안된 헌법개정안은 대통령이 20일 이상의 기간 이를 공고하여야 한다.

제130조

① 국회는 헌법개정안이 공고된 날로부터 60일 이내에 의결하여야 하며, 국회의 의결은 재적의원 3분의 2 이상의 찬성을 얻어야 한다.

② 헌법개정안은 국회가 의결한 후 30일 이내에 국민투표에 붙여 국회의원선거권자 과반수의 투표와 투표자 과반수의 찬성을 얻어야 한다.

③ 헌법개정안이 제2항의 찬성을 얻은 때에는 헌법개정은 확정되며, 대통령은 즉시 이를 공포하여야 한다.

개헌안이 공고된 후에는 국회의 심의를 거쳐야 한다. 국회는 공고된 날로부터 60일 이내에 표결해야 한다. 재적의원 3분의 2 이상의 찬성을 얻어야 개헌안이 국회를 통과할 수 있다. 이는 개헌이 특정 정당이나 정치 세력에 의해 일방적으로 추진되지 않도록 하는 안전장치다. 현재 국회를 기준으로 200명 이상의 찬성이 필요한데, 대통령 탄핵소추안과 동일한 정족수다.

국회에서 의결된 개헌안은 최종적으로 국민의 동의를 받아야 한다. 국회 의결 후 30일 이내에 국민투표에 부치며, 투표에 참여한 국민의 과반수가 찬성해야 개헌이 확정된다. 국민투표를 통해 개헌의 정당성을 확보하는 것은 대한민국이 국민주권 원칙을 철저히 반영하고 있음을 보여주는 중요한 절차다.

국민투표에서 찬성을 얻은 개헌안은 대통령이 즉시 공포해야 하며, 공포와 동시에 효력을 발휘한다. 대통령은 개헌안 공포를 거부할 수 없으며, 이는 개헌 절차의 최종 단계이자 의무적인 조치다.

정치의 위기, 개헌이 과연 돌파구가 될까?

대한민국에서 민주화 이후 거의 모든 대통령은 개헌 논의로부터 자유롭지 못했다. 다만 민주화 직후의 김영삼 대통령과 IMF 경제위기 극복이 중요했던 김대중 정부에서는 개헌 논의가 후순위였다.

구체적인 개헌 논의를 본격화한 대통령은 노무현 대통령이다. 노 대통령은 2007년 3월 담화를 통해 대통령 4년 연임제를 골자로 한 개헌안을 제안했다. 핵심은 대통령과 국회의원 임기를 일치시켜 국정 운영의 안정성을 꾀하자는 것이다. 다른 내용은 건드리지 말고 임기 부분만 고치자고 해 '원포인트' 개헌으로 불렸다. 그러나 이 개헌안은 결국 실현되지 못했다.

이후 박근혜 대통령은 2016년 10월 국회 시정 연설에서 개헌 논의를 미룰 수 없다며 개헌을 제안했지만 이는 국정농단 사건과 맞물려 흐지부지됐다. 문재인 정부 역시 개헌을 추진했지만 여야 간의 입장 차를 좁히지 못한 채 정쟁만 반복한 끝에 결국 수포로 돌아갔다. 이후 윤석열 정부에서도 2022년 김진표 국회의장이 취임사에서 개헌 의사를 밝히며 정부와 국회의 공조 아래 개헌 분위기가 조성되기도 했다. 하지만 이 역시 정치적 이해관계를 좁히지 못하며 실질적인 개헌 논의로 이어지지 못한 채 논의가 사실상 중단됐다.

국가의 근간을 흔드는 개헌이 자주 빈번하게 이루어지는 것은 바람직하지 않다. 그러나 1987년 민주화 이후 30년 넘게 유지된 헌법이 지금의 사회·정치적 환경에 맞게 작동하고 있는지에 대해서는 의견이 갈린다. 특히, 세 차례나 대통령 탄핵소추가 이루어지면서 대통령중심제의 한계가 명확히 드러났다는 점에서 권력구조 개편을 위한 개헌이 필요하다는 목소리가 커지고 있다.

그뿐만 아니라 지방자치제의 헌법적 보장을 강화하고, 지방선거제도를 개편할 필요성도 거론된다. 현재 지방자치제가 안정적으로 운영되고 있음에도 불구하고, 헌법상 규정이 미비하여 지방 분권을 더욱 강화할 필요가 있다는 지적이 이어지고 있다.

시대적 변화에 따라 기본권 조항도 개정이 필요하다는 의견 또한 많다. 디지털·인공지능 시대가 도래하면서 변화하고 있는 개인의 권리 개념, 환경 보호와 기후변화 대응 등 전 세계적으로 중요한 가치가 헌법에 반영될 필요가 있다는 것이다. 경제·노동 관련 조항 역시 공정 경제와 노동권, 환경권을 더욱 강화하는 방향으로 개헌이 이루

개헌 논의가 나오고 있는 부분과 그 이유

개헌 필요 분야	주요 내용	필요성
권력구조	책임총리제·이원집정부제 논의, 권력구조 개편	대통령 탄핵소추 3회 발생으로 현행 대통령제의 한계와 구조적 문제 노출
선거제도	소선거구제의 승자독식문제 해결, 비례대표제 개편	정치 양극화 심화, 대표성 부족 문제 해결 필요
지방자치	지방선거제도 개편, 지방자치의 헌법적 보장 강화	분권 강화 및 지방자치 현실 반영 필요
기본권	디지털·AI시대상 반영, 환경보호·기후변화 대응 강화	공정경제·노동 측면에서 새로운 시대적 가치 반영 필요
개헌 절차	지나치게 엄격한 개헌 절차 완화, 사회 변화 반영	개헌을 정치적으로 도구화하는 문제 해결 필요

어져야 한다는 주장이다.

현재의 개헌 절차가 지나치게 엄격해 사회적 변화에 유연하게 대응하기 어렵다는 지적도 있다. 헌법 개정이 국민적 동의와 합의를 필요로 하는 중대한 사안임은 분명하지만, 현행 개헌 절차가 너무 복잡하고 경직되어 있어 개헌이 정략적으로 악용될 가능성이 크다는 비판이다. 결국 높은 개헌 난이도로 인해 개헌이 정치적 도구로 전락하거나 개헌이 특정 정당이나 정치 세력의 이해관계에 따라 좌우되는 것을 막기 위해서라도 개헌 절차에 대한 개정 논의가 필요하다는 이야기다.

법과 정치가 만나는 전쟁터, 국회의 모든 것

03

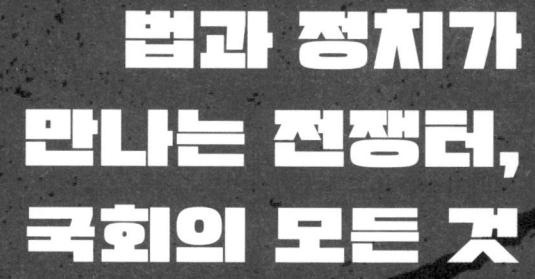

대한민국은 민주공화국이다

대한민국 헌법의 첫 조문인 제1조 1항은 대한민국이 정치체제로 민주공화제를 채택했음을 분명히 밝히고 있다. 즉, 대한민국은 정체로 민주정을 택하여, 민주주의 원칙에 따라 운영하는 공화국이다. 정치체제는 주권이 누구에게 있느냐에 따라 국체國體가 무엇인지, 주권을 행사하는 방식에 따라 정체政體가 무엇인지를 구별한다.

누가 주권을 쥐고 있는지에 따른 분류인 국체는 크게 왕이나 황제 등 한 사람이 주권을 갖고 나라를 다스리는 '군주제'와 국민이 주권을 갖고 선출된 대표가 국가를 운영하는 '공화제共和制'로 나눈다. 주권을 행사하는 방법에 따른 분류인 정체의 종류에는 민주정, 독재정, 혼합체제 등이 있다.

대한민국 헌법

제1조

① 대한민국은 민주공화국이다.

② 대한민국의 주권은 국민에게 있고, 모든 권력은 국민으로부터 나온다.

공화정과 민주정을 택한 대한민국의 정치체제

수천 년 동안 수많은 왕국과 제국이 군주제를 국체로 삼아왔다. 군주제는 주로 왕이나 황제가 세습되는 1인 권력을 갖고, 입법·사법·행정권을 사실상 독점하는 정치체제다. 인류 역사는 대부분 군주제 시대 아래 있었고, 고려와 조선을 포함해 한반도에서도 군주제가 오랫동안 유지됐다.

오늘날에도 일부 국가에서 군주제가 형식적으로 유지되고 있지만, 실질적인 정치권력은 민주주의 절차에 의해 선출된 의회나 정부를 이끄는 총리, 수상, 대통령 등이 가진다. 대표적으로 영국과 일본은 군주제를 국체로, 민주정을 정체로 채택한 국가다.

군주제의 대척점에 있는 것이 공화제다. 공화제는 주권이 국민에게 있어 시민권자들이 협의해 공동으로 나라를 소유하고 이끌어나가는 제도다. 한 나라가 1인 군주의 것이 아닌 공공의 것이란 뜻에서 공화제라 불린다. 이러한 공화제를 주장하고 실현하는 정치 이념을 공화주의, 공화제를 채택한 국가를 공화국이라 한다. 일반적으로 군

국체와 정체의 관계

정체 \ 국체	군주제	공화제
민주정	입헌군주제 (영국, 일본)	대의제 민주주의 (대한민국, 미국)
독재정	전제군주제 (사우디아라비아)	독재공화국 (북한, 중국)
혼합체제	혼합군주제 (모로코)	혼합공화제 (프랑스)

주제는 독재정과, 공화제는 민주정과 결합해 작동하는 게 원칙이지만 공화정에서 독재가 등장하기도 한다.

대표적으로 중국과 북한은 각각 '중화인민공화국', '조선민주주의인민공화국'이라는 국호를 사용하며 공화국을 표방한다. 하지만 중국은 공산당이 권력을 독점한 일당독재체제이며, 북한은 김씨 일가가 세습하는 독재국가다.

민주주의는 국민이 국가의 주권을 가지고 권력을 행사하는 정치체제다. 대한민국을 비롯한 대부분의 민주주의 국가는 대의제 민주주의를 택하고 있다. 대의제는 선거제를 비롯한 다양한 제도들로 작동된다. 선거를 통해 대표자를 선출하고 이들이 국민을 대신해 정치에 참여하며, 국회와 정부를 구성해 법을 제정하고 집행하는 식이다. 특히 행정부의 수장인 대통령, 입법부의 대표인 국회의원은 국민들이 직접 손으로 뽑는 대의제 민주주의의 핵심적인 대표자들이다.

대한민국이라는 국호의 '민국民國'은 대한민국이 공화제를 채택하고 있음을 나타내는 표현이다. 또한 대한민국의 공식 영문 국호인 'Republic of Korea' 역시 국체로서 공화정을 채택한 국가임을 분명히 하고 있다.

법치주의와 삼권분립

누구나 한 번쯤 들어봤고 당연하게 생각하는 '법치주의法治主義'와 '삼권분립三權分立'은 대한민국이 민주주의 국가로 올바르게 운영되고 발전하기 위해 반드시 지켜야 할 핵심 원칙이다. 법치주의와 삼권분립은 서로 깊숙한 관계를 맺으며 민주주의 발전을 지탱하는 가치로 자리매김하고 있다. 이를 잘 이해하고 둘의 관계를 잘 파악하는 것이 정치를 알아가는 시작점이다.

법치주의는 근대 입헌국가의 통치원리다. 왕권이나 권위, 폭력과 같은 힘이 아닌 오로지 법에 의해서 국가권력이 작동함을 뜻한다. 국가 권력은 법에 따라 행사되며 국민의 기본권은 법에 의해 보호받아야 한다. 법은 누구에게나 평등하고 합리적이며 공정하게 적용돼야 한다. 이러한 법의 가치중립적 작동을 보장하는 최상위 법이 바로 헌법이다.

또 강력한 힘을 가진 법을 올바르게 작동하게 하는 원리가 바로 삼권분립이다. 삼권분립은 국가의 권력을 입법부, 행정부, 사법부로 나누어 서로 견제와 균형을 이루는 것을 목표로 한다. 이는 법치주의적 관점에서 법을 만드는 과정(입법), 집행 과정(행정), 법 적용 과정(사법)의 주체를 달리하는 식으로 구현한다.

한국 현대 정치사는 법치주의의 훼손과 삼권분립의 파괴가 반복된 역사라고 해도 과언이 아니다. 독재 정권하에서 행정부가 입법부와 사법부를 장악하며 법을 자의적으로 개정하고, 헌법을 변경하며, 판결을 왜곡했던 사례가 실제 역사 속에서 빈번하게 발생해왔다.

바른 정치의 핵심은 입법부, 행정부, 사법부가 조화롭게 작동하는 것이다. 이러한 삼권분립의 원칙은 헌법에도 명확히 규정되어 있다. 이제까지 헌법 전반을 살펴보며 헌법적 가치를 반영한 정치 요소를 이해했다면, 이제부터는 입법부(국회), 행정부, 사법부를 통해 정치를 공부해볼 시간이다.

국회의원들은 평소에 뭘 할까?

국회의원을 상상하며 그 사람을 그려보자. 깔끔한 외모에 안경을 쓰고 어두운 정장과 넥타이를 매고 있다. 언변이 뛰어나고 재치 있지만 자신의 의견을 피력할 땐 강단 있게 말한다. 필자가 언뜻 생각해 본 국회의원의 이미지다. 여러분의 상상 속 국회의원은 어떤 모습인지도 궁금하다.

국회는 대한민국의 축소판이다. 전국 각지를 대표하는 국회의원들이 이곳에 한데 모인다. 입법기관인 만큼 법조인이 많고 직업 정치인, 정부와 사법부 공무원 출신, 의사, 회계사 등 전문직이나 기업인, 교수도 제법 있다. 각 이익집단을 대변하기 위해 간호사, 운동선수, 노조원, 연예인들도 있을 뿐 아니라 탈북자, 소방관, 회사원과 같은 평범한 일반인들도 국회에 입성한다.

제22대 국회 당선자의 직업 조사 결과 국회의원이 143명으로 가장 많았고 정치인 80명, 변호사 23명, 교수 16명 순이었다. 다만 직업 국회의원 중엔 법조인이나 교수 출신도 다수 포함돼 있다. 실제 법조인 당선자는 총 61명에 달한다. 입법부 특성상 법 전문가가 다수를 차지하는 경우가 많다.

제22대 국회 당선자의 평균 연령은 56.3세다. 2020년 제21대 국회 평균인 54.9세보다 다소 높아졌다. 2004년 제17대 국회의 평균 연령은 51세였으며, 이후 당선자 연령은 계속 올라가는 추세다. 50대 당선자는 150명으로 딱 절반이었다. 60대가 100명, 40대가 30명, 30대가 14명, 70대가 5명, 80대가 1명이었다. 20대 당선인은 없었다. 최고령 당선자는 1942년생 81세 박지원 더불어민주당 의원, 최연소 당선자는 1991년생 32세 전용기 더불어민주당 의원이다.

여성은 역대 최다인 60명이 당선됐다. 초선의원은 131명으로 43.7%였다. 최다선은 6선으로 총 4명이었다. 당선인 중 재산이 가장 많은 의원은 안철수 국민의힘 의원으로 신고 당시 1,401억 3,500만 원이었다. 100억 원 이상 자산가는 10명이었다.

당신의 국회의원이 동네잔치에 빠지지 않는 이유

어스름한 새벽, 동네 약수터와 배드민턴장은 이른 아침을 맞이하는 사람들로 붐빈다. 주말 아침이면 학교 운동장은 조기축구회 회원들로 가득하고, 전통시장과 각종 동네 행사에는 가족 단위 방문객들이 활기를 더한다. 또한, 새로운 출발을 알리는 결혼식장과 삶의 마지막을 배웅하는 장례식장 역시 많은 사람들이 모이는 장소다.

희로애락이 가득한 일상은 정치인들에게 가장 중요한 장소이자 시간이다. 한국 영화 〈어디선가 누군가에 무슨 일이 생기면 틀림없이 나타난다 홍반장〉을 보면 마을에서 벌어지는 모든 일에 참견하는 오지랖 넓은 홍반장이 등장하는데 사실 국회의원이 진짜 동네 홍반장이다.

국회의 1년은 바쁘게 돌아간다. 이를 구성하는 국회의원들 역시 쉴 틈 없이 분주하게 움직인다. 국회의원은 지역구 국회의원과 비례대표 국회의원으로 나뉜다. 지역구 국회의원은 특정 지역을 대표하며, 해당 지역구 선거에서 당선된 의원이다. 반면, 비례대표 국회의원은 정당의 추천을 받아 비례대표선거를 통해 국회에 입성하며, 특정 지역구를 관리할 필요는 없다. 따라서 지역구 국회의원과 비례대표 국회의원의 일정은 자연스럽게 다를 수밖에 없다.

지역 정치는 지역구 국회의원들의 전부라고 해도 과언이 아니다. 지역구에서의 민심이 지지기반이고 이를 잃을 경우 선거에서 패배한다. 이는 국회의원에게 실직과 같다. 지역구에는 정치색이 다른 경쟁자뿐 아니라 같은 당내의 경쟁자들도 즐비하다. 그렇기에 이들은 각종 지역 행사에 누구보다 열심히 참석하며 주민들과의 친밀도를 높인다. 지역 행사와 경조사는 기본이고 생활체육공간, 지하철과 버스정류장 등 사람들이 몰리는 곳이라면 어디든지 나타난다. 지역구 국회의원들에게 지역구는 단순한 '선거구'가 아닌 치열한 생존 경쟁의 장이자, 자신의 정치 인생이 걸린 무대인 셈이다.

지역구 국회의원마다 각자의 지역 관리 전략이 있다. 국회의원들을 직접 만날 기회가 있을 때 이따금 노하우를 듣게 되는데, 손뼉을 치며 감탄사를 내뱉게 되는 경우가 많다. 비가 오나 눈이 오나 매일같이 새벽 지하철역에서 하루를 시작하는 의원, 특정 택시회사를 공략해 해당 택시만 타면서 택시기사들의 입소문을 공략하는 의원, 지역민들의 전화번호를 저장할 때마다 나이와 특징 등을 저장해 한 번 봤던 사람은 절대 까먹지 않는다는 의원 등 각자의 개인기를 발휘해 지역구를 관리한다.

이렇다 보니 잠시만 지역 관리를 소홀히 해도 갖가지 소문이 돌기 마련이다. 그래서 지역구 국회의원들은 중앙정치에서 큰 이슈가 없으면 대부분 지역구에 머문다. 지역구가 서울이나 경기처럼 국회와 가까운 곳이거나 차로 2시간 이내 거리라면 비교적 수월한 편이어서, 국회와 지역을 오가며 출퇴근하듯 지역구를 챙긴다.

반면, 지역구가 멀리 떨어져 있거나 제주도처럼 비행기를 타야 하는 경우, 지역 관리는 더욱 어려워진다. 언제든 바로 이동할 수 없으니, 각자의 노하우와 전략을 세워 최선을 다한다. 수천 개의 연락처를 관리하며 소통하는 의원도 있고, 지역 내 동선을 철저히 계획해 매일같이 방문하는 의원도 있다. 그들의 지역 관리 방식은 각기 다르지만, 그 노력만큼은 놀라울 정도다.

지역구가 없는 비례대표 국회의원은 보통 각자 분야에서 전문성을 보유한 스페셜리스트가 많다. 의사, 간호사, 군인, 운동선수 등 각

전문분야에서 특출난 재능을 보이거나 각 산업이나 이익단체를 대표하는 인물이 주로 배정된다. 이들은 각 이익단체의 입장을 대변하거나 특히 전문성이 필요한 분야의 상임위원회에서 활약하며 존재감을 뽐낸다. 그러나 지역구가 없는 만큼 재선 도전이 쉽지 않다는 딜레마가 있다. 일부 비례대표 국회의원들은 이러한 이유로 지역구 국회의원으로 변신하는 대신 국회의원직을 그만두기도 한다.

하지만 상당수 비례대표 국회의원들은 고향이나 연고지, 또는 출신 학교 등을 살펴 지역구를 택해 다시 선거에 나선다. 이는 당내 경선부터 본선까지 치열한 경쟁을 거쳐야 하는 험난한 과정이고 비례대표 국회의원들에게는 숙명과도 같은 길이 된다. 물론 아예 비례대표만 여러 번 하는 국회의원도 있다. 대표적으로 더불어민주당과 국민의힘 등 거대 양당의 비상대책위원장으로 활동한 원로 정치인 김종인은 총 5번의 국회의원을 모두 비례대표로만 당선됐다. 제22대 국회에서도 김예지 국민의힘 의원, 용혜인 기본소득당 의원이 모두 비례대표로만 재선에 성공했다.

앞서 각자가 생각하는 국회의원의 이미지를 그려봤지만 우리가 생각하는 경우의 수만큼 국회의원들의 개별 역량과 매력 역시 제각각이다. 대부분 정당에 소속되어 당론을 따를지라도, 그들의 개성은 별개의 이야기다. 정치부 기자로서 수많은 국회의원을 만나본 경험에 비춰보면 그들은 각 분야의 전문가로서 식견이 뛰어나고, 유머 감각과 인간적인 매력을 갖춘 경우가 많았다. 물론 예외도 있지만, 직접 만나보면 그들이 어떻게 치열한 경쟁을 뚫고 유권자의 선택을 받았는지 쉽게 이해할 수 있다.

하지만 정치는 혼자 하는 독서나 놀이가 아니며, 수많은 이해관계 속에서 복잡한 다차방정식을 푸는 고도의 활동이다. 지금 이 책을 읽고 있는 순간에도 우리 대한민국 전국 각지의 홍반장을 자처하는 국회의원은 쉴 틈 없이 일정을 소화하고 바삐 사람들을 만나며 이곳저곳의 목소리를 듣고 있을 것이다.

국회의원 매뉴얼,
구성부터 징계까지

대한민국 국민의 대표기관인 국회. 우리나라는 입법부인 국회를 단원제로 운영한다. 양원제를 채택한 미국, 일본, 영국과 달리 일원화된 국회 구성을 택했다. 국회는 국민의 보통·평등·직접·비밀선거란 선거의 4대 원칙에 기반해서 선출한다.

헌법 제41조 2항에 따르면 국회의원 수는 법률로 정하되 200명 이상으로 한다. 2024년 5월 30일부터 임기를 시작한 제22대 국회의 재적의원은 300석이다. 지역구 의원 254석과 비례대표 의원 46명으로 구성된다. 선거구와 비례대표제도에 대한 규정은 법률로 정한다. 헌법상 대한민국 국회의원의 임기는 4년으로 보장된다. 또한 대통령이나 지방자치단체장과 달리 중임 제한이 없다. 역량만 된다면 이론적으론 평생 국회의원에 당선될 수 있다. 제22대 국회에는 주호영, 추미애, 조정식, 조경태 의원 등 총 4명이 6선으로 최다선 의원이다. 역

출처: 매일경제신문 사진부

제22대 국회의원들이 국회 개원식에서 선서를 하고 있는 모습

대 최다선 의원은 9선을 기록한 김영삼 전 대통령과 김종필 전 국무총리, 박준규 전 국회의장 3명이다.

국회의원은 헌법 제43조에 따라 법률이 정하는 특정 직위를 겸할 수 없다. 국민의 대표자로서 독립적인 의정 활동을 보장하고 이해충돌을 방지하기 위한 조항이다. 국회법에 따르면 국회의원은 영리를 목적으로 하는 사업체의 대표나 임원이 될 수 없으며, 특정 공직을 겸직할 수 없다. 다만, 국회의원이 국무총리 또는 국무위원(장관)으로 임명될 수는 있다. 이 경우 사실상 장관 직무를 전담하는데, 필요에 따라 중요 표결이 있을 경우 국회 본회의 투표에 참석할 순 있다. 또한, 교육·학술·자선 단체에서 국회의원이 무보수로 명예직을 수행하는 것은 허용된다.

겸직 금지와 같은 원리에서 국회의원은 직의 특성상 청렴의 의무를 가진다. 이를 위반할 경우 당연히 국회에서 징계를 받을 수 있다. 국회의원의 징계사유는 헌법과 국회법 등에 나열돼 있다. 헌법 제46조는 '국회의원으로서 청렴하며 국익을 우선시하고 사적인 이익을 위해 직위를 남용해선 안 된다'는 대원칙을 규정하고 있다. 또 국회법 등에 따라 국회 품위를 손상하거나, 의사 진행을 방해하거나, 국회의 명령 및 규칙 등을 위반하고 부정청탁이나 금품수수 등 윤리 강령을 위반한 경우 징계받을 수 있다.

국회의원 징계의 종류는 경고, 사과명령, 출석정지, 제명 등 4개다. 가장 강력한 징계인 국회의원 제명의 경우 재적의원 3분의 2 이상의 찬성이 있어야만 가능하다. 김영삼 전 대통령이 유일한 국회의원 제명 사례이며, 국회의원에 대한 탄핵은 불가능하다.

3부요인 중 한 명, 국회의장

대통령이 국가수반이자 행정부의 장이라면 국회를 대표하는 인물은 국회의장이다. 행정부의 대통령, 사법부의 대법원장과 헌법재판소장, 그리고 입법부의 국회의장을 '3부요인'이라고도 부른다. 그렇다면 입법부의 수장이자 국회를 대표해 국회 회의를 주재하는 국회의장은 어떻게 선출할까?

국회법에 따라 국회의장과 부의장단은 2년 임기를 갖는다. 즉 4년의 국회 임기 동안 의장단은 2차례 선출된다. 법조문상 국회의장은 국회재적의원 과반수 찬성으로 선출한다. 하지만 관례적으로 국회의장은 국회 다수당의 다선 의원 중 온건파로 분류되는 의원이 사실상 추대 형태로 선출된다. 국회의장은 사실상 임기 만료 후 정계은퇴를 하는 편이기에 당론에서 자유롭고 중립적인 입장을 유지할 수 있는 인물이 선출되는 경향이 있다. 통상 제1당 내부에서 추대하거나 경선을 거쳐 국회의장 1명을 간추려 본회의에 상정해 통과하는 형식적 투표로 진행된다. 정치적 중립 의무를 위해 국회의장은 당적 보유와 상임위원회 활동이 금지된다.

국회의장은 국회를 대표해 각종 국제회의와 회담에 참여하며 국가 정상급 인사들을 만난다. 국회 내부에서는 본회의를 주재하고 회의를 진행하며 조율하는 역할을 한다. 여야가 갈등하는 상황에서는 국회의장의 역할이 특히 빛난다. 국회의장은 정치적 중립의무를 지키며 여야 간 원만한 합의를 이끌어낼 수 있도록 중재자의 역할을 수행한다. 여야가 합의하지 못한 안건이나 법안에 대해 국회의장은 무작정 이를 처리하기보단 시간이 걸리더라도 서로 양보하고 협의해 절충안이 마련될 수 있도록 노력한다. 국회가 가진 힘을 제대로 발휘하기 위해서도 국회의장의 역할이 중요한 것이다.

국회의원의 불체포특권과 책임

국회의원은 한 명 한 명이 헌법기관이기 때문에 그에 상응하는 권리도 당연히 존재한다. 헌법 제44조에 따른 불체포특권이 바로 그것이다. 국회의원은 회기會期 중에는 국회의 동의 없이 체포나 구금되지 않는다. 회기 전에 체포된 경우에도 국회의 요구가 있으면 석방이 가능하다.

회기란 국회가 열리는 특정한 기간을 뜻한다. 헌법에 따라 매년 1회 열리는 정기회와 대통령 또는 국회재적의원 4분의 1 이상의 요구에 의해 개회하는 임시회로 나뉜다. 보통 2월, 3월, 4월, 6월, 8월, 12월 등에 임시회가 열린다. 매년 9월 1일 개회해 90일 이내의 기간으로 열리는 정기회에서는 국정감사가 진행되며, 예산에 대한 심사와 법안 처리 등이 주요 업무가 된다. 반면 임시회 기간에는 대정부질문이나 법안심사, 국정조사와 같은 업무를 수행한다.

국회의원은 회기 중일 때에 국회 동의가 없을 시 체포·구금되지 않는다. 회기는 개회 시부터 폐회 시까지로, 휴회도 포함한다. 또 회기 전에 체포나 구금되더라도 현행범이 아닌 이상 국회가 요구하면 회기 중에 석방될 수 있다.

불체포특권은 단순한 특혜가 아니라, 국회의원이 다른 권력에 의해 본연의 역할을 수행하지 못하는 상황을 방지하기 위한 보호 장치에 가깝다. 이는 국회의 중요한 의사 결정이나 입법안 표결을 앞두고, 정부가 강제 수사나 탄압을 통해 이를 방해하는 것을 막기 위한 취지의 제도다. 불체포특권은 영국에서 처음 도입되었고, 대한민국 정치사에서도 여러 차례 그 필요성이 입증됐다. 그러나 불체포특권이 본래 취지와 달리, 범죄를 저지른 국회의원을 보호하는 수단으로 악용되는 경우도 있다. 일부 국회의원들은 이를 이용해 의도적으로 회의를 열거나 회기를 지속시키는 방식으로 특권을 유지하려 하기도 한다. 불체포특권을 '체포라는 총알을 막는 방탄복'에 빗대서 '방탄국회'라는 신조어가 생기기도 했다.

불체포특권은 회기 중이면서 현행범이 아닌 경우에만 발동된다. 즉, 회기 중이 아니거나 현행범일 경우엔 특권이 무력화된다는 의미다. 회기 이전에 범죄를 저지른 경우 회기가 시작되면 불체포특권이 발동되어 체포가 불가능하지만, 회기 중에 범죄를 저지르면 체포가 가능하다. 다만 국회의원을 체포하거나 구금하려면 국회의 동의가 필요하며, 체포동의안은 재적의원 과반 출석에 출석의원 과반 찬성으로 가결된다. 국회의 동의를 얻었다고 해서 무조건 구속되는 것은 아니고 최종적인 구속 여부는 사법부의 판단에 따라 결정된다.

대한민국 헌법

제44조

① 국회의원은 현행범인인 경우를 제외하고는 회기 중 국회의 동의 없이 체포 또는 구금되지 아니한다.

② 국회의원이 회기 전에 체포 또는 구금된 때에는 현행범인이 아닌 한 국회의 요구가 있으면 회기 중 석방된다.

제45조

국회의원은 국회에서 직무상 행한 발언과 표결에 관하여 국회 외에서 책임을 지지 아니한다.

2025년 3월 기준으로 대한민국 헌정사에서는 총 71번의 체포동의안 청구가 있었으며 39번 표결에 부쳐졌다. 그중 18건이 가결됐다. 단 이러한 불체포특권은 말 그대로 체포와 구속에 대한 규정일 뿐, 임기 중에도 기소될 수 있다. 또 정식 재판에서 금고 이상의 형을 받거나 정치자금법, 선거법 위반으로 100만 원 이상의 벌금형이 확정되면 형사처벌을 받고 의원직을 상실한다. 국회의원과 별개로 대통령의 경우, 내란 또는 외환의 죄를 범한 경우를 제외하고는 재직 중 형사상 소추도 받지 않는다.

국회의원의 면책특권, 왜 필요할까?

국회의원은 원활하게 업무를 수행하기 위해, 국회에서 직무상 행한 발언과 표결에 대해 국회 외에서 별도 민형사상 책임지지 않는다. 이를 면책특권이라 부른다. 국회의 정치적 행위를 정치적으로만 판단하고, 그 책임 역시 국회라는 공간 안에서만 묻는다는 원칙을 의미한다. 만약 정치 행위에 대한 책임을 국회 밖에서 묻는다면, 국회의원들의 정치 활동이 위축될 수밖에 없기 때문이다. 민주주의의 핵심 원칙 중 하나다.

군부독재와 권위주의 시대를 거쳐온 대한민국에서 면책특권은 권력이 국회의원들의 활동을 제약하는 것을 막기 위한 제도로 시작했다. 실제 전두환 정부 시절인 1986년 10월 14일, 정기국회 본회의에서 야당인 신한민주당 소속 유성환 의원이 대정부 질의시간에 "우리나라의 국시는 반공이 아니라 통일이어야 한다"고 발언했다. 이는 1988년 서울 올림픽을 앞두고, 국가 정체성을 반공으로 규정할 경우 공산권 국가의 참여가 불가능해질 수 있다는 점을 지적하며, 이보다는 적극적인 통일 정책이 필요하다고 주장한 것이었다.

하지만 이 발언 직후 국회는 난리가 났다. 대한민국재향군인회와 같은 단체에서 즉각 문제를 제기하며 유 의원에 대한 처단까지 주장했다. 결국 이틀 후인 10월 16일, 이재형 국회의장이 야당 의원들의 출입을 막은 가운데 유성환 의원에 대한 체포동의안을 만장일치로 통과시켰고 이튿날 새벽 유 의원은 구속됐다.

이는 국회의원이 회기 중 발언으로 구속된 최초의 사례다. 국회의원의 직무와 관련된 발언을 국회 내에서만 책임지게 한 면책특권이 사실상 무력화된 것이다. 유 의원에 대해 1심 판결에선 징역 1년과 자격정지 1년이 선고됐다. 하지만 이후 1992년 9월, 대법원은 면책특권의 취지에 맞춰 공소기각 판결을 내리며 최종적으로 그의 형을 무효화했다.

국회의원의 재산을 공개하는 이유

국회의원은 매년 자신의 재산을 신고하고 공개할 의무가 있다. 실제 국회의원의 재산 공개에서 파생하는 뉴스는 매년 대중의 이목을 끈다. 국회의원 중 누가 가장 부자인지, 반대로 누가 제일 가난한지, 어떤 의원이 1년 동안 제일 많이 재산이 늘었는지, 어느 정당 소속 의원들이 가장 재산이 많은지 등 흥미로운 뉴스가 쏟아진다. 또 재산 축소 신고 논란, 부동산 편법 증여 논란, 비상장주 투자 등 논란이 반복된다.

재산 공개에는 국회의원뿐 아니라 장관, 판사, 검사, 지자체장도 포함된다. 이들이 가장 내밀하고 사적인 영역인 재산을 공개해야 하는 이유는 간단하다. 깨끗한 정치를 실현하기 위해서다. 국회의원은 국민을 대표해 법을 만들고 국가 운영을 책임지는 역할을 한다. 하지만 이들이 권력을 사적 이익을 위해 사용한다면, 사회적 불평등이 심화될 수밖에 없다.

대한민국 국회는 상임위원회 중심으로 운영되기 때문에 이해관계 상충과 관련된 논란이 끊이지 않았다. 대표적으로 건설사 대표이사 출신인 박덕흠 국민의힘 의원이 국토교통위원회에서 활동하는 동안 가족이 대주주로 있는 건설사가 국토교통부 산하 공사를 수주했다는 의혹이 제기됐다. 박 의원은 국회의원 신분과 무관하게 정상적인 계약이었다고 해명했지만, 논란이 확산되면서 결국 국민의힘을 탈당했다. 이 사건은 공직자의 이해충돌 방지법이 제정되는 계기가 되었다.

반대로 재산 공개 제도의 순기능이 작용한다면 국회의원들은 보다 공정한 정책을 만들기 위해 노력할 수밖에 없다. 합리적인 국회의원이라면 자신의 이해관계와 충돌하는 사안에 대해 더욱 엄격한 기준을 적용하고, 객관적으로 판단할 것이라는 기대가 반영된 제도이기도 하다.

2023년 당시 김남국 더불어민주당 의원은 거액의 암호화폐를 보유하고 거래했다는 의혹이 있었다. 특히 의정 활동 중 대량의 가상자산을 거래한 것으로 확인되며 논란이 커졌다. 문제는 김 의원의 재산신고 목록에서 암호화폐에 대한 내용은 전무했다는 점이다. 당시 제도의 미비로 인해 가상자산이 신고 대상 재산으로 규정되지 않았기 때문에 신고 의무가 없었던 것이었다. 논란이 확산되자 김 의원은 결국 자진 탈당했으며, 이 사건을 계기로 국회는 국회의원의 가상자산 보유 내역을 의무적으로 신고하도록 법을 개정했다.

중앙정치와 함께 지역구를 대표해 활동하는 국회의원에게 지역현안과 관련된 이해상충은 수없이 발생할 수 있다. 국회의원 입장에서 당연히 지역구의 다양한 사람들을 만나고 수많은 정보를 접할 수밖에 없다. 결국 유권자들은 여러 복잡하고 어려운 문제들을 지역주민들을 대표해 선출한 국회의원이 현명하고 합리적으로 해결해줄 것이라 기대한다. 그럼에도 불구하고 국회의원으로서의 공익과 개인적인 사익이 충돌하는 상황에서 유혹을 뿌리치지 못할 경우를 대비해 여러 가지 안전장치를 만들어 두는 것 중 하나가 재산 공개인 셈이다.

입법 절차의 모든 것

국회의 가장 중요한 역할, 누가 뭐래도 입법이다. 법을 제정하고 개정하는 일은 국회의원들의 존재 이유라고 해도 과언이 아니다. 그렇다면 법안은 어떻게 만들어지는 걸까.

법률안을 발의할 수 있는 주체는 국회의원, 정부, 그리고 국민이다. 국회의원은 10명 이상이 공동으로 서명해 법안을 발의할 수 있고, 개별 의원이 단독으로 발의할 수는 없다. 무분별한 법 발의로 인한 업무 비대화를 막고 효율적으로 법안 발의 시스템을 운영하기 위한 조치다. 입법권이 국회에 있는 만큼 전체 법안의 80~90%는 국회의원이 발의한다. 법안을 발의하면 국회의장은 해당 법안을 소관 상임위원회에 회부한다. 소득세법 개정안이면 기획재정위원회에, 교육기본법 개정이면 교육위원회에 배정하는 식이다.

국회의원뿐 아니라 정부에도 법안 발의권이 있다. 대통령, 국무총

입법의 단계

단계	설명
① 법률안 발의	국회의원(10명 이상), 정부, 국민(청원) 발의
② 상임위원회 심사	해당 상임위원회에서 법안 검토 및 심의
③ 법제사법위원회 심사	법률 체계 검토 및 헌법 적합성 심사
④ 본회의 표결	출석의원 과반수 찬성 시 가결
⑤ 대통령 승인	대통령이 재가(공포) 또는 거부권 행사
⑥ 법률 공포 및 시행	공포 후 20일 이후 자동 효력 발생

리, 각 부처 장관이 국무회의 심의를 거쳐 법안을 발의할 수 있다. 정부는 각 부처에서 필요한 입법안을 기획하고 초안을 작성한다. 이후 다른 관계 부처와 협의해 의견을 조율하고 법안 내용을 수정한다. 이후 법제처에서 법률안이 헌법이나 다른 법률안과 충돌하지 않는지 살펴보는 작업을 거친다.

이처럼 정부가 발의하는 법안은 국무회의 의결을 통해 국회로 제출된다. 정부차원에서 여러 전문가들의 검토를 거쳐 국회로 제출된 만큼 상대적으로 완성도가 높은 것이 특징이다. 그리고 해당 법률안 역시 국회에 회부되면 상임위와 본회의를 거쳐 최종적으로 법률안으로 확정된다.

통상 정부 발의 법안은 행정부가 국정 운영을 위해 필요하다고 판단해 국회에 제출하는 법률안이다. 이러한 법안은 주로 국가 정책의 효율적인 추진과 국민 생활의 개선을 목적으로 한다. 대표적으로 최근 전세사기 피해자들에게 공공임대주택을 우선 공급하는 '전세사기피해자 지원 및 주거안정에 관한 특별법', 맞벌이 육아휴직 기간을 1년에서 1년 6개월로 늘리는 '남녀고용평등과 일, 가정 양립 지원에 관한 법률' 등이 있다.

국민이 직접 법안을 제안할 수 있는 국민청원권도 있다. 대한민국에서는 국민 5만 명 이상이 서명을 받아 국회에 제출하면 법률안 청원이 가능하다. 다만 청원 법안이 곧바로 국회에서 발의되는 것은 아니다. 국회가 이를 검토해 정식 법안으로 채택하는 간접적 발의 방식이다. 실제로 N번방 사건과 관련한 '성폭력범죄의 처벌 등에 관한 특례법' 개정안에 국민청원 내용이 일부 반영되기도 했다.

국회는 항상 열려있을까?

국회의원은 4년의 임기가 보장되어 있다. 하지만 항상 국회가 열려 있는 것은 아니다. 앞서 국회의원들의 불체포특권이 회기 중에만 효력이 있다고 설명한 대목에서 눈치챘겠지만 국회가 열리는 시기는 법으로 정해져 있다. 회기에서 말하는 회의란 정확히는 국회 본회의를 의미한다.

출처: 대한민국 국회 이미지자료실

대한민국 국회의사당 전경

국회 본회의는 국회재적의원 300명 모두가 참석하는 회의다. 입법부의 핵심 업무인 법률안 심의·의결, 예산안 및 결산 심의, 대정부질문(정부 정책 질의 및 답변), 국무총리 및 장관 임명 동의, 탄핵소추안 처리, 국정조사 요구 등 국가의 주요 사안에 대한 결정을 한다.

국회의 본회의가 열리는 시기와 횟수는 법으로 정해져 있다. 헌법 제47조에 따르면 국회 정기회는 매년 1회, 최대 100일간 열린다. 이를 구체적으로 규정한 국회법에는 매년 9월 1일부터 100일간 정기회가 열리며, 9월 1일이 공휴일이면 그 다음날부터 시작한다고 명시되어 있다.

국회 정기회의 핵심 업무 중 하나는 국정 전반에 대한 국정감사를 실시하여 행정부를 견제하는 것이다. 다음 연도 예산안을 심의·확정하는 것 역시 정기회의 중요한 임무다. 정기국회 기간 동안 교섭단체 대표 연설과 대정부질문이 진행되며, 각종 법안 심사도 이루어진다.

정기국회 소집일이 9월 1일인 이유는 우리나라 회계연도가 매년 1월 1일을 기준으로 개시되기 때문이다. 즉 회계연도 시작일까지 4달 여간의 시간을 둬 예산안을 충분한 심의하고 확정하라는 의미다. 정기국회 소집일이 9월 1일로 결정된 것은 2000년 제16대 국회 이후부터다. 100일이라는 회기의 기간은 제13대 국회 이후로 확정됐다.

임시국회는 국회의장이 긴급한 사항으로 인해 필요가 있다고 인정할 때나 또는 국회재적의원 4분의 1 이상 또는 대통령의 요구가 있을 때 최대 30일간 열 수 있다. 임시국회에서는 각 시기별 현안에 대한 정부 측 설명을 듣고 대책을 논의한다. 회의 방식이나 절차는 정기국회와 동일하다. 국회법은 임시회에 대해 2월, 3월, 4월, 5월, 6월, 8월에 연다고 규정화했지만 필요에 따라 언제든지 개의할 수 있다. 즉 1년 중 3분의 2가량은 국회가 열린다.

정기회와 임시회가 구분되어 규정된 이유는 지역구 중심의 한국 정치 구조와 깊은 관련이 있다. 지역구 국회의원들은 1년 365일 연중 내내 지역의 현안과 민원, 각종 행사 등을 챙겨야 하므로, 몸이 두 개라도 부족할 지경이다. 이러한 현실 속에서 상시 국회를 운영하는 것은 쉽지 않기에, 법적으로 정기회와 임시회를 규정하여 보다 유연하게 국회를 운영할 수 있도록 한 것이다. 물론 계엄 해제나 탄핵소추와 같은 국가적으로 중요한 사안이 발생하면, 지역 활동을 뒤로하고 즉시 여의도로 달려오는 것이 당연하다.

법안 심사의 전쟁터, 상임위원회

국회 본회의가 열리지 않는 기간엔 그럼 국회는 무조건 쉬는 걸까? 당연히 그렇지 않다. 국회는 1년 내내 바쁘게 돌아간다. 대한민국 국회는 상임위원회 중심주의를 채택했다. 모든 안건을 본회의에서 처음부터 직접 논의하는 것이 아니라, 먼저 상임위원회에서 심의한 후 본회의에서 최종 의결하는 방식으로 진행된다. 이를 통해 효율적인 국회 운영을 도모한다.

상임위원회는 특정 분야에 전문성을 가진 여러 의원들로 구성된 소집단으로 본회의 안건을 부치기 전 법안을 토론하고 다듬고 수정하는 작업을 하는 국회 내 조직이다. 정부에 기획재정부, 교육부, 외교부와 같은 전문성을 가진 부가 있다면 국회에는 기획재정위원회, 교육위원회, 외교통일위원회와 같이 정부의 각 부에 상응하는 국회 내의 상임위원회가 운영되고 있다. 현재 정부는 19개의 부와 20개의 청으로 이루어져 있고, 국회 상임위원회는 총 17개로 구성돼 있다.

이는 300명의 국회의원이 전문성이 필요한 사안마다 일일이 의견

각 상임위원회의 소관 업무

상임위원회	소관 업무
운영위원회	국회 운영 및 국회의장 지원
법제사법위원회	법률 심사, 사법부 관련 정책
정무위원회	금융, 공정거래, 국무총리실 등
기획재정위원회	예산, 세금, 재정 정책
교육위원회	교육부, 대학 정책
과학기술정보방송통신위원회	IT, 방송, 과학기술 정책
외교통일위원회	외교, 통일, 북한 문제
국방위원회	국방 정책, 군사 문제
행정안전위원회	행정, 경찰, 지방자치
문화체육관광위원회	문화, 스포츠, 관광
농림축산식품해양수산위원회	농업, 수산업, 식품 정책
산업통상자원중소벤처기업위원회	산업 정책, 중소기업 지원
보건복지위원회	복지, 의료, 보건 정책
환경노동위원회	환경 보호, 노동 정책
국토교통위원회	국토 개발, 교통 정책
정보위원회	국가 정보기관 감시
여성가족위원회	여성·가족·아동 정책

을 내고 의사결정을 진행하는 비효율성을 해소하기 위한 제도적 장치다. 전문가들로 구성된 상임위원회 단위에서 충분히 논의하고 법안을 다듬어 보다 합리적이고 효율적인 의사진행을 가능하도록 한다.

일반 상임위원회와 별도로 예산결산특별위원회(예산특위)와 윤리특별위원회(윤리특위)라는 '상설특별위원회'도 존재한다. 예산특위는 예산안과 결산안을 심사하고, 윤리특위는 국회의원의 자격 심사와 징계를 담당한다.

또 인사청문회가 필요할 경우 한시적으로 운영하는 '비상설 특별위원회'로 인사청문특별위원회가 있다. 현재는 운영하지 않지만 연금개혁특별위원회, 국회 헌법개정특별위원회 등이 있었다. 또한 세월호 침몰사고 진상규명 특별위원회, 가습기 살균제 국정조사 특별위원회 등 사회적으로 논란이 된 이슈나 사건사고와 관련된 특별위원회를 두기도 한다.

국회 상임위원회는 상정된 법률 제정·개정안을 본격적으로 심사한다. 상임위원회에 소속된 국회의원들은 전문성을 갖춘 해당 상임위원회 국회전문위원의 도움을 받아 법안을 검토한다. 국회공무원인 국회전문위원은 상임위에 도착한 법안에 문제가 없는지, 다른 법조문과의 충돌은 없는지 등을 미리 살펴본다.

상임위원회에서는 필요 시 소위원회를 열어 세부적인 내용을 검토하고 상임위 전체회의를 열어 법안을 심사하거나 전문가 및 관련 부처의 의견을 경청하는 등 치열한 논쟁과 토론을 통해 법안을 정비한다. 물론 법안에 따라 특정 정당 내지는 지역, 또는 이익집단에게 유불리 영향을 미치거나 갈등을 유발할 수 있는 만큼 치열한 눈치싸움이 불가피하다. 여야가 이러한 이견을 좁히지 못할 경우 법률안은 상임위원회조차 거치지 못하고 폐기되기도 한다.

이 과정에서 법안의 내용이 수정되기도 하며 여야 간 합의를 통해 도출된 대안이 최종적으로 선택되기도 한다. 실질적인 법률안의 쟁점이 상임위에서 대부분 해소되기 때문에 상임위원회를 통과하면 큰 고비를 넘긴 셈이다.

법률의 완성, 그리고 대통령 거부권

상임위를 떠난 법률안은 '법제사법위원회(법사위)'에 도착한다. 법제사법위원회는 법률안의 헌법 적합성을 검토해 위헌 여지가 없는지 살펴보고, 법률 체계 및 문구를 정리해 혹시 모를 법 해석의 갈등 여지를 최소화한다. 또 필요하다면 이에 대한 충분한 논의를 거치라는 의도로 상임위원회로 다시 돌려보내기도 한다. 소위 법사위의 '발목잡기' 논란이 여기서 파생한 말이다.

법제사법위원회의 문턱까지 넘었다면 입법 과정의 9부 능선은 넘은 셈이다. 이제 남은 것은 국회 본회의에서의 최종 의결이다. 결승선이 코앞에 있지만, 아직 안심할 수는 없다. 본회의 통과로 입법 절차가 사실상 마무리되지만, 끝날 때까지 끝난 게 아니기 때문이다.

오히려 본회의 통과를 앞둔 법률안들은 여야 간 정쟁이 심화할수록 정치적 협상의 도구로 활용되는 경향이 있다. 그렇기에 법안 본회의 처리를 두고 막판 협상이 틀어지거나, 본회의 투표에서 부결되는 경우도 적지 않다. 민생 관련 법안이 정치적 논란에 휘말릴 경우, 이를 반대한 쪽이 여론의 역풍을 맞기도 한다.

종종 당론을 정확히 결정하지 못하거나 국회의원들이 법안 내용을 충분히 이해하지 못하는 바람에 예상과 달리 본회의서 부결되는 경우도 발생한다. 일반 법률안의 경우, 본회의에 출석한 의원 과반수의 찬성으로 가결되며, 이를 통과하면 법률안은 비로소 입법 절차를 마무리하게 된다.

국회 본회의를 통과했다고 무조건 법률의 효력이 발휘되는 것은 아니다. 본회의를 통과한 법률안은 정부로 이송되며 대통령이 이를 승인함으로써 최종적으로 법률의 효력이 부여된다. 대통령은 정부 이송된 법률안을 15일 이내에 공포할 수 있다. 법률상 특별 규정이 없다면 공포한 날로부터 20일이 경과 시 효력이 발생한다. 정부가 제출한 법안이나 정부를 대표하는 여당과 야당이 합의해 통과된 법률안은 일반적으로 이 절차대로 공포되고 효력이 발생한다. 다만 대통령과 야당의 사이가 나쁠 경우 또 하나의 장애물이 등장한다. 바로 '대통령거부권'이다.

헌법 제53조 2항에 따르면 대통령이 국회를 통과한 법률안에 이의가 있을 때 15일 이내에 이의서를 붙여 국회로 환부하고 재의를 요구할 수 있다. 이른바 대통령거부권이라 불리는 대통령 재의요구권이다. 국회를 통과한 입법안이 정부 정책과 부합하지 않거나 문제가 있을 경우, 입법 독주를 막기 위해 쓰는 대통령의 대표적 입법부 견제 수단이다. 특히 야당이 정치적 다수의 힘을 이용해 일방적으로 법안을 처리하는 것을 방지하기 위한 행정부의 통제 수단으로 기능한다.

대통령이 법률안을 거부할 때는 일부만 거부할 수는 없고 전체를 거부해야 한다. 재의요구가 있을 경우 국회는 재적의원 과반수 출석과 출석의원 3분의 2 이상 찬성으로 재의결해야 법률로 확정된다. 이미 한 차례 거부된 법률안이기에 보다 강화된 정족수 규정이 적용되는 것이다. 무기명 투표로 진행한다.

민주화 이후 대통령이 거부권을 행사한 법률안에 대해 재의결로 법률안이 통과된 사례는 노무현 정부 당시 입법된 '노무현대통령의 측근최도술·이광재·양길승관련권력형비리사건등의진상규명을위한 특별검사의임명등에관한법률안'이 유일하다. 당시 여당인 열린우리당의 의석이 3분의 1에 못 미친 바람에 야당인 새천년민주당과 한나라당이 힘을 합쳐서 대통령거부권을 이겨내고 법률로 확정할 수 있었다.

국회가 행정부를 견제하는 법

국회 존재의 이유이자 가장 중요한 기능은 입법권한의 행사다. 그렇다면 국회가 하는 일이 법을 만들어 제정하고 개정하는 게 전부일까? 그렇지 않다. 헌법상 국회는 조약 체결 및 비준 동의권, 선전포고, 외국에의 군 파견, 외국군대의 대한민국 영토 내 주류에 대한 동의권을 갖고 있다. 대통령 고유 권한인 특별사면도 국회의 동의가 필요하다. 대통령이 국가위기상황에서 긴급명령을 발동한 경우 이에 대한 승인과 거부도 국회의 몫이다.

통치원리를 설명하면서 강조했듯 국회의 핵심 역할은 다름 아닌 정부에 대한 견제이다. 행정부를 감시하고 견제할 수 있는 헌법적 권한을 부여받은 곳이 바로 국회다. 그렇기에 1년 중에 국회가 가장 바쁠 때는 따로 있다. 다름 아닌 국정감사 때다.

국회의 권한 요약

권한 유형	설명
입법권	법률 제정 및 개정
국정 통제권	국정 감사·조사, 해임건의권
예산·재정권	예산 심의·확정, 결산 심사, 조세 관련 법안
선출 및 동의권	국무총리, 대법원장, 헌법재판소장 등 임명 동의
탄핵소추권	대통령·국무총리·법관 등에 대한 탄핵
조약 및 국가 결정권	조약 비준, 선전포고 및 군대 파병 승인
기타 권한	특별사면 동의, 긴급명령 승인

국정감사와 국정조사

국정감사란 입법부인 국회가 행정부의 국정 전반을 점검하는 정기적인 감사 절차다. 국회는 매년 정기회의 때 30일간 국정감사를 실시한다. 정기회가 9월 1일부터 100일간 열리기 때문에, 이러한 일정을 감안해 통상 국정감사는 보통 10월 전후로 진행된다. 국회 상임위원회별로 국정감사 계획을 수립하고 감사 대상 기관과 감사 일정 등을 결정하며 감사 자료를 요구하고 이에 대한 자료를 제출받는다.

국정감사기간에는 각 상임위원회 및 특별위원회 별로 국정감사를 실시한다. 정부 공공기관의 정책이 제대로 집행됐는지 점검하고 부정부패나 예산 낭비 등 부적절한 행정 행위가 발생하진 않았는지를 확인한다. 특히 국정감사 과정에서 정부 정책에 문제가 발생한 것을 찾아낸 경우 이를 질책하고 개선을 요구할 수 있다.

국정감사의 대상에는 행정부와 그 산하기관, 지방자치단체, 공공기관 및 민간 위탁단체 등이 포함된다. 행정, 재정에 한해 사법부와 헌법재판소도 국정감사 대상이다. 대부분 국회에서 진행되지만 필요에 따라 현장 감사를 실시하기도 한다.

이 과정에서 각 기관장이나 관계 공무원들이 출석해 여러 현안에 대한 의견을 직접 밝히기도 한다. 증인, 참고인 채택 과정에서 기업 총수나 유명인들이 국정감사에 등장해 화제를 모으기도 한다. 지난 2024년에는 당시 걸그룹 뉴진스 소속 하니가 직접 국회 환경노동위원회 국정감사에 참고인으로 출석했다.

국정감사 기간에는 국정감사를 준비하는 국회의원 보좌진들과 자료를 제출해야 하는 공무원 및 기관 관계자, 관련 이슈에 대응해야 하는 기업 관계자들이 한데 섞여 바쁘게 일정을 소화한다. 언론사 역시 국정감사에서 쏟아지는 뉴스와 이슈들을 확인하느라 한창 분주할 때다. 국정감사 과정에서 발견된 부정부패나 부정행위가 크게 언론에 보도되면서 예상치 못한 방향으로 확산되기도 한다.

2016년 국정감사 기간에는 박근혜-최순실 게이트가 이슈화되며 수많은 인물들이 국회에 불려 나오기도 했다. 사실상 국정농단 국정감사로 진행되면서 그해 겨울 박 대통령이 탄핵소추되는 데 결정타를 날렸다.

국정감사와 국정조사의 차이

구분	국정감사	국정조사
목적	정기적인 정부 감시	특정 사안에 대한 조사
대상	정부 부처, 공공기관 등	특정 사건 또는 정책
주체	국회의 상임위원회	특별위원회 또는 상임위원회
기간	매년 30일 이내	필요할 때 진행(기간 제한 없음)

특정한 국정사안에 대한 조사 권한도 헌법에 명시돼 있다. 바로 국정조사다. 국정조사 역시 국민의 알권리를 보장하기 위해 특정 사건이나 정책의 문제점을 지적하고 조사하는 제도다. 정부 운영의 전반을 점검하는 국정감사와 달리 특정 사안의 문제점을 조사한다.

공공사업의 부실 운영이나 재정 낭비, 정부의 실책 등이 국정조사의 대상이다. 사회적으로 논란이 컸던 사건이나 참사의 원인을 밝히는데도 국정조사가 사용된다. 국정감사의 시기가 헌법상 정해져 있는 것과 달리 국정조사는 국회의원 4분의 1 이상의 동의를 받아서 발의하기만 하면 특정 시기와 무관하게 진행할 수 있다. 국정조사의 계획을 수립한 뒤 서류 제출을 요구하거나 증인 참고인 출석을 요청하고 현장을 방문하는 방법 등으로 실시한다.

국무총리 및 국무위원에 대한 해임건의권

탄핵은 고위공무원을 직무에서 파면하는 가장 강력한 입법부의 행정부 견제 수단이다. 파급력이 크기 때문에 국회의 소추와 헌법재판소의 심판, 총 2개 기관을 거쳐 신중하게 진행되는 것이 특징이다. 그렇다면 입법부의 행정부에 대한 견제 수단은 이런 극단적인 것밖에 없을까?

헌법 제63조에는 국회가 대통령에게 국무총리 또는 국무위원의 해임을 건의하는 해임건의권이 규정돼 있다. 국회의 정부 감시 기능을 보장하고 국무위원들이 독단적으로 권력을 행사하는 것을 막기 위한 제도다. 해당 규정은 국회재적의원 3분의 1이상의 발의와 재적과반수의 찬성으로 통과된다. 출석 과반수로 통과되는 일반정족수에 비해 '재적 과반수'라는 조건을 둬서 상대적으로 더 엄격하다. 즉 통과가 좀 더 어려운 형태의 정족수다. 재적 300명 의원 중 100명의 발의와 151명의 동의가 필요하단 의미다.

그러나 해임건의권은 해임을 직접 결정하는 권한이 아니라, 대통령에게 해임을 '건의'할 수 있는 권한에 불과하다. 즉 국회에서 해임건의를 결의하더라도, 대통령이 이를 받아들이지 않을 수 있다. 결국 해임건의권은 국회의 강한 정치적 경고 수단으로 작용하지만, 정부를 견제하고 압박한다는 의미 이상의 강제성은 없다.

1955년 이승만 정부 임철호 농림부장관을 시작으로 2003년 김두관 행정자치부장관까지 총 5명의 장관에 대한 해임건의안이 가결됐

국회의 해임건의권과 탄핵소추권

구분	해임건의권(헌법 제63조)	탄핵소추권(헌법 제65조)
대상	국무총리, 국무위원	대통령, 국무총리, 국무위원, 법관 등
효력	대통령이 거부 가능 (강제성 없음)	헌법재판소가 인용하면 자동 해임(강제성 있음)
의결정족수	재적의원 과반수 찬성	재적의원 과반수 찬성 후 헌법재판소 최종 심판
성격	정치적 권고	법적 강제 조치

고 실제 사퇴로 이어졌다. 하지만 김재수 농림축산식품부장관, 박진 외교부장관, 이상민 행정안전부장관, 한덕수 국무총리에 대한 해임건의안은 국회에서 가결됐으나 대통령이 이를 수용하지 않았다.

국회는 스스로 국회의원을 제명할 수 있는 권한도 있다. 헌법 제64조 3항에 따르면 국회의원을 제명하기 위해서는 재적의원 3분의 2의 찬성이 필요하다. 대통령 탄핵소추안 가결정족수와 같다. 가장 엄격한 정족수 규정을 두고 있는 만큼 국회의원 제명 역시 쉽지 않다. 사실 대통령 탄핵보다 더 어려운 것이 국회의원 제명이다. 역사상 3차례나 가결된 대통령 탄핵소추안과 달리 국회의원 제명안이 가결된 것은 한 차례에 불과하다. 1979년 김영삼 당시 신민당 국회의원이 그 주인공이다.

행정부 재정에 대한 심사권

국회의 핵심적인 행정부 견제 기능 중 하나는 국가 재정을 심사하고 승인하는 것이다. 이를 위해 국회는 예산 심의·확정권과 결산 심사권을 갖고 있으며, 정부가 편성한 예산이 적절하게 집행되었는지 평가하는 역할을 수행한다. 정부는 매년 예산을 편성해 회계연도 개시 90일 전까지 다음 연도의 예산안을 국회에 제출해야 한다. 대한민국의 회계연도는 1월 1일부터 12월 31일까지다. 즉, 정부는 9월 30일까지 국회에 예산안을 제출해야 한다.

대한민국 예산은 정부가 편성을 한 뒤 국회의 심의를 거쳐 정부가 이를 집행하는 방식으로 구성된다. 이후 국회는 예산이 적절하게 집행됐는지 검증하는 결산 심사를 진행한다. 이 과정에서 독립 헌법기관인 감사원이 예산 전반에 대한 감사 권한을 가지며, 국회는 심의와 검증은 하지만 직접적인 회계 감사권을 행사하지 않는다. 다만, 특정한 사안이 발생할 경우 국정조사를 통해 예산 집행 과정을 조사할 수 있다.

국회에 제출된 예산안은 입법부 대표인 국회의장이 각 상임위원회에 배분해 예비심사를 시작한다. 이후 상임위원회 심사를 마친 예산안은 예산결산특별위원회로 송부된다. 예산결산특별위원회는 말 그대로 예산과 결산을 심의하기 위한 특별위원회다. 상임위를 거쳐 올라온 예산안을 종합적으로 심사하는 기관이다.

특히 예산안 심의의 진검승부라 불리는 예산안 조정 소위원회(예산소위) 활동이 시작되면 본격적인 정부 예산안에 대한 심사가 진행된다. 국회 측은 원칙적으로 감액만 가능하고 증액은 불가능하다. 헌법 제57조에 따르면 국회는 정부 동의 없이 정부 예산 금액을 증가시킬 수 없다고 규정하고 있기 때문이다. 물론 반대 해석을 통해 정부 동의가 있다면 증액이 가능하다.

이는 행정부 고유권한인 예산 편성권을 최대한 보장하기 위한 조치로, 정부의 예산권 침해를 최소화하기 위한 원칙이다. 만약 정부 예산안을 국회가 임의로 증액할 수 있을 경우 추가된 예산에 대한 재원 마련이나 집행 책임 소재가 불분명해진다. 국회가 증액을 자유롭게 할 경우 정부 권한인 예산권을 입법부가 침범하는 셈인만큼 이는 제한적으로 허용된다.

예산 감액 과정에서 주로 여당은 정부 예산을 최대한 지키고자 애쓰고 야당은 예산의 허점을 찾아 문제가 있는 부분을 지적하고 삭감하려 하는 창과 방패의 대결이 펼쳐진다. 양측의 시각 차이가 크기 때문에, 충분한 논의를 거쳐 심사를 진행하는 것이 원칙이다.

예산안 심사는 원칙적으로 감액이 주된 기능이지만, 정부와 국회의 협의 및 정치적 이해관계로 인해 결과적으로 증액되는 경우가 많다. 정부는 국정 운영에 필요한 주요 사업이나 정책 관련 예산 증액을 요청하며, 지역구 국회의원들은 지역 발전을 위한 민원 예산 반영을 적극 요구한다.

정부는 국회의 협조를 얻기 위한 정치적 판단으로 일부 지역 사업 예산 증액을 용인하는 경우가 많다. 또 복지 예산 감액은 국민 반발

출처: 매일경제신문 사진부

국정감사 종합상황실 현판식의 모습

을 초래할 수 있어 정치적 부담이 크지만, 복지 예산 증액은 유권자들에게 긍정적인 정책 성과로 홍보할 수 있는 만큼 국회의원들이 오히려 적극적으로 추진하는 경향이 있다. 국회의원들은 지역 예산이나 특정 이익집단과 직접적인 이해관계를 가질 가능성 역시 크기 때문에 예산을 증액할 때에는 형평성 논란 등을 감안해 신중하게 접근하는 게 필요하다.

헌법에 따르면, 국회는 예산안을 회계연도 시작 30일 전인 12월

예산안 진행 과정

단계	내용	기한
① 정부 제출	기획재정부가 예산안 편성 후 국회 제출	9월 30일까지
② 상임위원회 예비심사	상임위별로 소관 부처 예산 심사 후 예결위로 송부	10월 초순 ~중순
③ 예산결산특별위원회(예결위) 심사	전체 예산 종합 심사 및 조정 소위원회 활동	10월 중순~ 11월 중순
④ 국회 본회의 의결	최종 예산안 확정 후 정부로 이송	12월 2일까지
⑤ 수정안 제출	국회가 기한 내 의결 못하면 수정안 제출 가능	12월 중순
⑥ 결산 심사	정부의 예산 집행 결과 검토 및 감사원 감사	다음 해

2일까지 본회의에서 의결해야 한다. 그러나 여야 간 갈등이 반복되면서 이 기한을 준수한 사례는 드문 편이다. 특히, 최근 여소야대 국면이 지속되면서 매년 헌법이 정한 기일을 한참 넘겨서야 예산안이 가까스로 확정되거나 통과되는 상황이 이어지고 있다. 즉, 매년 헌법을 어기는 위헌적인 예산안 심의가 이뤄지는 셈이다.

예산안 처리가 기한을 넘기는 문제가 반복되자 이를 방지하기 위해 헌법과 법률에서는 몇 가지 장치를 마련해 두고 있다. 대표적인 것이 '자동부의' 제도다. 헌법 제54조 2항에 따르면 국회가 예산안을 회계연도 개시 30일 전까지 의결하지 못할 경우 정부 제출 예산안이 자동으로 본회의에 상정되도록 하고 있다. 또 국회의장은 필요 시 예산안을 직권 상정할 수 있다.

만약 예산안 처리가 이뤄지지 못해 예산이 확정되지 않을 경우 최소한의 정부 기능 유지를 위해 직전년도에 준해 예산을 편성하는 '준예산'을 편성할 수 있다. 준예산 체제에서는 법령 또는 조례상 지출 의무가 있는 경비, 기관·시설 운영비, 계속 사업비 등 법정 경비만 집행되며, 각종 지원금과 신규 사업비는 집행할 수 없다. 역대 정부 예산안 심의 과정에서 준예산이 실제 편성된 전례는 없다.

추가경정예산안이 뭔데요?

2024년 12월 10일, 국회는 본회의를 열고 2025년도 정부 예산 원안(677조 4,000억 원)에서 4조 1,000억 원을 삭감한 감액 예산안을 통과시켰다. 이는 정부 예산안에 대한 증액 없이 감액만 이뤄진 채 통과된 최초의 예산안이다. 정부와 여당은 야당인 더불어민주당의 대표정책인 지역사랑상품권(지역화폐) 발행 관련 예산 증액과 함께 정부의 대왕고래 개발 프로젝트 관련 예산도 함께 늘리는 증액안을 제안했지만 민주당의 반대로 무산됐고 더불어민주당의 수정안대로 통과됐다. 세수 부족을 이유로 증액을 요구한 정부 입장과 달리 더불어민주당은 추가경정예산 편성해 충분히 문제를 해결할 수 있다고 선을 그으며 감액 예산을 통과시켰다. 그렇다면 추가경정예산이 뭘까?

추가경정예산은 정부가 당초 편성한 본예산이 부족할 경우 대응하기 위해 회계연도 중 추가로 편성하는 예산이다. 경제 위기가 발생하거나 예상치 못한 경기 침체를 극복하기 위해 마련하는 경우가 많다. 또 태풍, 홍수, 지진 등 자연재해로 인한 복구 예산이 급히 필요할 때도 추가경정예산이 쓰일 수 있다. 추가경정예산 역시 정부가 제안하고 국회의 승인을 받아야만 쓸 수 있다.

추가경정예산은 말 그대로 긴급한 상황에서 신속한 대응을 위해 편성하는 것인 만큼 급한 불을 끄는 데에는 유용하다. 반면 재정 건전성이 악화될 수 있을 뿐 아니라 정치적 목적으로 남용될 수 있어 신중한 편성을 요한다. 현재 거시경제 위기와 정치 리더십 부재가 지속되고 있는 대한민국 역시 추가경정예산 편성의 필요성에는 여야가 공감하나 어떤 예산에 얼마나 편성할지에 대해서는 여전히 평행선을 이어가고 있다.

생소할 수 있지만 계속비와 예비비도 국회가 승인하는 일종의 예산이다. 계속비는 2년 이상 집행할 필요 있는 사업에 대해 국회의 사전 승인을 받아 사용할 수 있다. 매년 필요한 금액을 배정받는다. 예비비는 예상치 못한 긴급 상황에 대응하기 위한 것으로, 총액만 국회의 의결을 받고 개별 사용 내역은 사후 국회의 승인을 받으면 된다. 긴급한 상황에서 필요한 예산에 대한 예외 규정인 셈이다. 실제 코로나19와 같은 질병의 대유행이나 집중호우나 산불 등 대규모 자연 재해 복구에 사용된다.

조세법률주의에 의해 세금을 부과하거나 변경하는 일 역시 국회의 동의가 필요한 사안이다. 국회는 새로운 세금을 신설하거나 기존 세율을 변경하는 것에 대해 법률로 이를 제정하거나 개정할 권한이 있다.

2,700명의 숨은 권력,
국회보좌관

1년 365일 매일같이 바쁘게 돌아가는 국회는 언제나 경쟁과 선거에 노출돼 있다. 4년마다 돌아오는 국회의원선거와 지방선거, 또 권력재창출의 핵심인 대통령선거까지 선거가 쉬지 않고 이어진다. 그뿐 아니다. 당대표와 최고위원 등 당 지도부를 뽑는 전당대회, 원내대표를 뽑는 경선 등 국회는 치열한 경쟁과 선거의 연속이다.

여의도에서는 각종 정책 결정, 법안 발의, 상임위원회 활동이 끊이지 않고 당내 정치와 언론 대응, 지역구 관리 등 챙겨야 할 일이 넘쳐난다. 국회의원 1명이 이 모든 일을 다 챙길 수 없다. 그렇기에 국회 정치에선 숨은 실세라 불리는 보좌관의 역할이 무엇보다 중요하다. 전면에 드러나는 정치인 못지않게 은막 뒤에서 묵묵히 일하는 보좌관들의 이야기가 여러 정치 드라마나 영화에서도 다양하게 다뤄진다. 아예 보좌관이 주인공인 드라마가 나와 화제가 되기도 했다.

사내정치의 그 정치, 여기는 진짜다

국회의원은 선거에서 승리해야만 일을 할 수 있는 구조이기 때문에, 미디어에 한 번이라도 더 노출되고 목소리를 낼 수 있는 자리를 차지하기 위한 경쟁이 치열할 수밖에 없다. 물론, 국회의원이 정무 감각이 뛰어나고 스스로의 매력을 효과적으로 드러낼 수 있다면 큰 문제가 되지 않는다. 하지만 정무 능력은 경험이 쌓여야 갖출 수 있는 역량이기에, 초선 의원처럼 정치 경험이 부족할 경우 쉽게 익히기 어렵다. 이때 중요한 역할을 하는 것이 바로 보좌관이다. 오랜 보좌 생활을 통해 국회의 운영 방식과 정치적 감각을 익힌 보좌관은 초보 정치인이 빠르게 적응할 수 있도록 돕는 필수적인 존재다.

수십년 경력의 고참 보좌관들은 국회의원보다 국회를 더 잘 이해하고, 뛰어난 정치 감각을 갖춘 경우가 많다. 이들은 '의원급 보좌관'으로 불리며, 여러 의원들이 서로 모셔가려는 경쟁을 벌이기도 한다. 또한, 특정 국회의원과 오랜 기간 함께해온 보좌관들은 의원과 자연스럽게 동기화되어 말투, 행동, 심지어 사고방식까지 닮아가는 경향이 있다.

보좌진들의 업무 범위는 매우 넓다. 국회의원의 수행을 비롯해 지역구 관리, 행정 업무, 입법 및 정책 지원, 나아가 국회의원의 정치적 판단을 돕는 정무적 조언까지 담당한다. 국회의원의 '책사' 역할을 하는 셈이다. 물론, 의원마다 성향과 스타일이 다르기 때문에 300개 의원실의 분위기와 업무 분장은 저마다 다르다. 하지만 대체로 보좌진의 역할은 정무보좌와 정책보좌로 구분된다.

정무보좌업무를 담당하는 사람들은 의원의 언행부터 미디어에 대응하는 법, 선후배 정치인들과 지내는 방법 전반에 대해 조언한다. 일반 직장이나 조직에서 내부 승진 경쟁이나 권력 암투를 흔히 '사내정치'라고 표현한다. 그러나 국회에서 벌어지는 사내정치는 말 그대로 '정치' 그 자체다. 정무보좌진은 각종 정보를 수집하면서 정치 동향을 파악하고 동시에 물밑에서 진행 중인 정치현안을 폭넓게 이해하며 분석한다. 지역구 관리를 위한 여러 정치적 판단과 당내 입지를 공고히 하는 정치 전략에도 깊숙이 관여한다. 지역구에 상주하며 지역 현안을 챙기고 지역 민원을 해결하는 지역구 보좌관도 있다.

특히 선거철이 다가오면 승리 전략과 함께 캠프 운영도 총괄할 수 있는 역량이 필요하다. 물론 정책과 정무적 역량을 모두 갖춘 보좌관이라면 금상첨화지만 각자 잘하는 영역을 서로 배분해 운영하는 것이 일반적이다.

국회의원의 보이지 않는 두뇌, 정책보좌관

정책보좌는 말 그대로 법안과 정책 전반을 두루 다룬다. 정책보좌업무는 입법부 본연의 일을 얼마나 잘해내느냐의 일이다. 법안 발의를 위한 정책 자료 조사, 각종 토론회와 청문회 등의 정책 관련 행사의 준비, 국정 감사를 위한 자료 요청과 질의서 작성, 예산 심의를 위한 자료 검토와 분석 등 정책과 관련된 일이 넘쳐나는 만큼 국회보좌진들도 각자의 전문성을 살려 정책 업무를 분장하고 각종 정책 업무를 수행한다.

예컨대 배달 라이더들을 보호하는 플랫폼 노동자 보호법 발의를 준비할 경우, 정책보좌관들은 현재 국내 배달 노동자들의 실태를 조사하고 해외 사례를 수합한 뒤 고용노동부 및 전문기관과 협업해 관련 데이터를 수합하고 분석한다. 이를 바탕으로 기존 법안을 검토하고 새롭게 필요한 조항을 추가해 당내 전문가나 입법조사처 등과 이에 대해 논한다.

또한 노동단체나 배달기사들을 국회로 불러 관련 토론회를 개최하고 전문가들의 제언을 경청한 뒤 정부 관계자들과도 소통해 관련 입법안을 보완한다. 이 과정에서 국회의원과 소통하며 법안을 완성하고 함께 발의할 다른 국회의원실의 동의를 구한다. 법안의 필요성을 언론과 미디어에도 설명하고 법안 관련 기자회견 등을 준비한다.

한 해중 가장 바쁜 국정감사에서도 보좌관은 분주하다. 일찌감치 올해 중점적으로 질의할 현안을 검토하고 이와 관련된 정부 측 자료를 요청하거나 자료 조사에 들어간다. 업계 의견과 아이디어를 수합해 국감 질의서를 작성하고 언론에 잘 소개될 수 있도록 보도자료를 배포한다. 보좌관에겐 해당 질의가 얼마나 화제가 되고 주목을 받았느냐가 성과지표가 될 수 있는 만큼 하나부터 열까지 신경 써야 한다. 즉, 정책보좌관은 국회의원의 책사이자 보이지 않는 두뇌다.

국회보좌관은 국회의원이 되는 사다리가 되기도 한다. 국회의원 임기가 끝나면 이론적으론 보좌관의 임기도 끝나 고용 안정성이 보장되지 않는다. 그렇기 때문에 국회의원과 마찬가지로 국회보좌관의 월급도 상대적으로 높은 편이다.

국회보좌관은 일반적 공무원과 달리 당적 보유가 가능하다. 다양한 사람들이 국회의원이 되지만 국회보좌관을 하다 국회의원이 된 인물도 상당히 많다. 김영삼 대통령은 장택상 국회부의장의 비서로 정치생활을 시작했고 우원식 국회의장은 임채정 국회의장의 보좌관 출신이다.

나라를 움직이는 힘겨루기, 정당

04

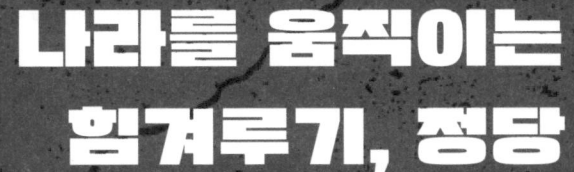

국회를 둘러싼 치열한 싸움, 정당과 선거제

국회에서는 매일같이 치열한 논쟁이 벌어진다. TV뉴스에서는 국회의원들이 언성을 높이고, 서로를 비방하며 얼굴이 붉으락푸르락 달아오르는 장면을 심심찮게 볼 수 있다. "왜 저렇게 싸우기만 할까?"라는 생각이 든다. 자세히 들여다보면 이 모든 갈등은 '정당'이라는 조직의 존재 때문이다. 정당이 도대체 무엇인데 저렇게 치열하게 싸우도록 만드는 걸까?

정당법에 따르면 정당은 '국민의 이익을 위해 책임 있는 정치적 주장이나 정책을 추진하고 공직선거의 후보자를 추천하거나 지지함으로써 국민의 정치적 의사형성에 참여하는 것을 목적으로 하는 국민의 자발적 조직'이다. 결국 정당이란 대의제 민주주의로 선출된 국회의원들이 소속돼 법안을 만들고 나라를 운영하는 중심축이다. 국회의원들은 정당 소속으로 활동하면서 같은 목표를 가진 동료들과 협

정당과 정치단체의 비교

구분	정당 Political Party	정치단체 Political Organization
법적 요건	'정당법'에 의거해 설립된 자발적 조직	시민단체, 이익집단 등 일반 단체(법률적 근거 필요 없음)
목적	선거에서 승리하여 정권 획득 또는 정책 실현	특정 정치적 이슈를 다루거나 사회운동 추진
조직 구조	전국적 조직과 지역 조직 필요	조직 형태가 자유로움 (소규모 모임도 가능)
선거 후보 공천	가능(공식적인 후보를 냄)	불가능(독립 후보 지지는 가능)
활동 방식	선거운동, 의회 활동, 정부 참여	캠페인, 시위, 로비, 여론전
예시	국민의힘, 더불어민주당, 정의당	전국민주노동조합총연맹(민주노총), 경제정의실천시민연합(경실련), 환경운동연합

력하기도 하고, 때로는 상대 정당과 치열하게 맞붙는다.

법률에 의해 설립되는 정당은 일반 시민들이나 이익집단들에 의해 만들어지는 정치단체와 다르다. 정치단체는 특정 정치 이슈를 확산시키고 사회적인 여론 조성에 중점을 둔다면 정당은 결국 선거에서 승리해 정권을 획득하고 정강에 맞는 정책을 실현하는 것을 목표로 한다. 무엇보다 정당에는 선거 후보를 공천할 수 있는 선거 후보 공천권이 있다는 점에서 일반적 정치단체와 구별된다.

정당과 그에 소속된 국회의원의 관계를 이해하면, 국회에서 벌어지는 드라마틱한 정치 싸움이 단순한 감정 대립이 아니라, 철저한 전략과 이해관계 속에서 이루어진다는 사실을 알게 될 것이다.

풀뿌리 민주주의의 꽃, 지방선거

대한민국에는 3대 선거가 있다. 행정부의 수장이자 대한민국을 이끌어나갈 통수권자인 대통령을 뽑는 대통령선거(대선). 입법 권한을 가지며 행정부를 견제하는 국회의원을 뽑는 국회의원총선거(총선). 그리고 지방자치단체장과 교육감, 지방의원을 선출하는 전국동시지방선거(지선)다. 지선은 민주주의의 가장 기초적인 형태인 '풀뿌리 민주주의'의 상징이다. 중앙정부나 거대정당이 주도하는 중앙정치와 달리 지역사회 구성원들이 직접 정치에 참여하고 의사결정을 내리는 자발적인 정치 활동을 지향한다.

대한민국의 첫 지방선거는 1952년 제1회 전국 시·읍·면의회선거 및 도의회의원 선거다. 이후 1960년 서울시장과 각 도지사 선거로 확대됐다. 하지만 이후 중앙정치로 권력이 집중되며 오랜 기간 지방자치제도는 제대로 운영되지 못했다. 1995년이 돼서야 제1회 전국동시지방선거가 부활하며 국민이 직접 지방자치단체장, 광역의원, 기초의원을 선출하기 시작했다.

삼권분립의 주축인 행정부와 입법부의 대표를 뽑는 대선, 총선과 달리 지방자치단체장을 뽑는 지선은 3대 선거 중 선출직이 가장 많

출처: 매일경제신문 사진부

서울 중구 중구구민회관에 마련된 개표소에서 제22대 국회의원총선거 개표 작업을 하는 모습

이 배출되는 선거다. 대선과 총선은 각각 1명의 대통령과 300명의 국회의원을 뽑는다. 하지만 가장 최근 치러진 2022년 6월 제8회 지선에선 4,125명이 뽑혔다. 광역단체장과 기초단체장의 임기는 4년으로 국회의원과 동일하다.

그리고 대선과 총선은 제20대 대선, 제22대 총선처럼 '대'를 사용하지만, 지선은 선거 횟수(회)를 단위로 사용한다. 광역단체장과 기초단체장의 대수가 제각기기 때문이다. 총선과 지선은 월드컵과 올림픽처럼 2년마다 번갈아 치러지는 교차선거다. 2022년에 제8회 지선이 있었고 2024년에 제22대 총선이 있었다. 이로 인해 총선과 지선은 정권에 대한 중간평가의 성격을 지니게 된다.

지선은 3대 선거 중에서 상대적으로 가장 투표율이 낮은 선거이기도 하다. 보통 대통령을 뽑는 대선의 투표율이 가장 높고 이어 총선, 지선 순이다. 제20대 대통령을 뽑는 2022년 대선의 투표율은 77.1%였고, 2024년 제22대 총선의 투표율은 67%였다. 반면 2022년 대선 직전에 치러진 지선의 투표율은 50.9%에 불과했다.

헌법상 지방자치 규정은 제8장 제117조와 제118조, 2개의 조항에 담겨 있다. 과거 선거제가 아닌 임명제로 운영된 '관선' 체제가 있었던 만큼 현행 헌법에서는 지방자치에 관한 별도조항을 마련해 이를 보호하고 있다. 제117조는 지방자치단체장에 대한 규정이며 제118조는 이를 견제하는 지방의회에 대한 규정이다. 중앙정부를 대표하는 대통령과 이를 견제하는 국회와 유사한 구조다.

다만, 지방선거에서 지방자치단체장과 지방의회를 동시에 선출하기 때문에 중앙정치만큼 양측의 긴장 관계나 견제 역할이 뚜렷하지 않다. 같은 시기의 여론이 반영되면서 같은 정당이 지방정부와 의회를 장악할 가능성이 크기 때문이다. 지방자치단체장의 임기는 4년이며 최대 3선까지 연임이 가능하다. 중임 제한 규정이 없기 때문에 3연임 후 한 번 쉬었다면 다시 직을 맡을 수 있다. 오세훈 서울시장은 제33대, 제34대 서울시장을 지낸 뒤 제38대, 제39대 서울시장을 다시 지내며 4차례의 서울 시장을 지내고 있다.

서울특별시장은 장관급, 그 외 광역자치단체장은 차관급 예우를 받는다. 서울시장은 의결권은 없지만 행정부의 국무회의에 참석할 수 있고 발언권도 가진다. 정치적 위상도 높아 서울시장은 차기 대선 후보군으로 분류된다. 실제 관선 서울시장을 지낸 윤보선, 민선 3기 서울시장을 지낸 이명박 등 2명의 서울시장이 대통령이 됐다. 1,000만 인구를 보유한 지방자치단체를 이끄는 서울시장은 경기도지사와 더불어 '소통령'이라고도 불린다. 또한 광역자치단체의 대표는 광역자치단체장과 교육감으로 이원화돼 있다. 교육감은 교육·과학 및 체육에 관한 사항을 관할한다.

지방의회를 구성하는 지방의회의원은 시의원, 군의원, 구의원 등이 있다. 이들 역시 국회의원과 마찬가지로 개개인이 엄연한 헌법기관이다. 지방자치단체장과 마찬가지로 지방의회의원은 임기가 4년이다. 3선 제한이 있는 지방자치단체장과 달리 연임제한 규정이 없다. 그러나 앞서 언급한 대로 견제 역할이 미비하고 그 영향력이 적은 만큼 실효성 논란이 꼬리표처럼 따라 다닌다.

다수결의 함정: 소선구제와 중·대선거구제

'승자독식Winner Takes All'. 선거에서 이 말처럼 강렬한 표현이 또 있을까? 선거는 마치 한 판 승부가 펼쳐지는 스포츠 경기와 같다. 그리고 선거에서 승자를 결정짓는 방법은 소선구제와 중·대선거구제가 있다. 소선거구제는 마치 월드컵 같은 토너먼트 경기다. 한 대회에 여러 팀이 출전하지만, 최종 승자는 단 한 팀뿐이다.

이긴 팀은 다음 라운드로 진출하지만, 진 팀은 탈락한다. 선거에서도 1등만이 당선되고 나머지 후보들은 아무런 의석도 얻지 못한다. 반면, 중선거구제는 프로야구 리그전과 유사하다. 정규 시즌에서 1등만 살아남는 것이 아니라, 여러 팀이 플레이오프에 진출할 수 있다. 즉, 한 선거구에서 2명 이상이 당선될 가능성이 있는 구조다.

다수대표제는 단순히 가장 많이 표를 얻은 사람이 당선되는 단순 다수대표제와 과반 이상 득표자가 나와야만 하는 절대다수제로 나뉜다. 두 가지 방식 모두 소선구제와 결합할 수 있다. 절대다수제를 택할 경우 과반 득표자가 나올 때까지 결선투표를 진행하지만 단순 다수제는 한 표라도 더 많이 받은 후보자가 승자가 된다. 소선구제를 채택한 대표적인 국가는 영국, 미국, 캐나다, 한국의 지역구 국회의원 선거가 이에 해당한다.

소선거구제는 지역 대표성을 강화하고 정치적 안정성을 확보할 수 있다는 장점이 있다. 다만 다수당에 유리하고 소수 정당이 진입하기 어렵다는 한계가 있다. 소선구제가 양당제의 경우에는 적절하지만, 다당제 아래서는 사실상 지지율이 낮은 소수정당에게 불리하다.

특히 한 표라도 적게 득표하면 패배하기 때문에 승부가 박빙일 경우 민의를 제대로 반영하지 못한다는 단점이 있다. 예컨대 3명의 후보가 38%, 37%, 25%를 받는다고 가정하면 38%를 득표한 후보가 당선되지만 37%와 같이 간발의 차이로 패배한 후보의 표는 무용지물

구분	단순다수대표제	절대다수대표제
정의	가장 많은 표를 얻은 후보가 당선	50% 이상의 과반수를 얻은 후보가 당선
장점	간단하고 신속한 선거 진행, 명확한 당선자 결정	과반수 지지를 확보한 대표 선출 가능
단점	소수파의 의견 반영 어려움, 대표성 부족 가능	1차 투표에서 과반수 미달 시 결선투표 필요함
결합 가능 선거구제	주로 소선거구제와 결합 (미국, 영국 등)	주로 중·대선거구제와 결합 (프랑스 등)

이 된다. 즉, 전체 유권자의 38%만 지지했던 후보가 전체 지역구를 대표하는 후보가 된다.

소선거구 단순다수대표제로 치러진 2024년 제22대 총선 지역구 국회의원선거에서 각 후보들이 받은 표를 모두 합쳐 정당별로 구분해보니 더불어민주당은 50.6%를, 국민의힘은 45.1%를 득표해 5.5%p 가량 차이 났다.

하지만 한 표라도 앞서면 승리가 확정되는 지역구 국회의원선거 특징으로 더불어민주당은 161석을 차지한 반면 국민의힘은 90석을 확보하는데 그쳤다. 48석을 가진 서울의 경우 민주당은 총 52.23%를 국민의힘은 46.29%를 득표했지만 의석수는 각각 37석, 11석을 확보해 압도적으로 민주당이 승리했다. 이 중 승부가 5% 이내로 갈린 지역구만 10곳이다. 승자독식의 대표적 모습인 셈이다.

소선거구제와 중선거구제의 차이점

구분	소선거구제	중·대선거구제
대표 선출 방식	1인 선출	2인 이상 선출
유리한 정당	대형 정당 (양당제 유도)	다당제 가능 (특정 정당의 독점이 어려움)
사표 발생 여부	높음	중간
지역 대표성	높음	보통

반면 중·대선거구제는 한 선거구에서 2명 이상을 선출하는 선거 방식이다. 중선거구제는 2~5명을, 대선거구제는 6명 이상을 선출한다. 한 선거구에서 선출하는 의원이 많아지는 만큼 다당제가 형성될 수 있다. 특정 정당의 독점이 어려워지고 여러 정당이 의석을 나눠가질 수 있다. 일본의 참의원선거, 한국의 기초의원선거가 중선거구제를 택하고 있다.

중선거구제는 소선거구제와 반대로 득표율이 현격히 차이 나는 다수 당선자에게 같은 의결권이나 권리를 주는 게 맞느냐는 형평성 문제가 발생할 수 있다. 70% 지지율은 받은 1위 후보자와 20% 지지를 받은 2위 후보자가 모두 당선될 경우 이 둘에게 같은 권한을 주는 것이 과연 유권자의 지지 민심을 제대로 반영한 것이냐는 관점이다.

표심을 조작했던 게리맨더링

소선거구제에서 다수대표제를 택할 경우 한 표라도 많으면 승리를 쟁취한다. 즉, 선거구를 어떻게 만드느냐에 따라 그 결과가 한 번에 뒤집힐 수도 있다는 뜻이다. 이러한 특징을 악용한 소선거구제의 대표적 문제가 바로 게리맨더링Gerrymandering이다. 게리맨더링이란 선거구를 인위적으로 조정해 특정 정당이나 정치 세력이 유리하도록 조작하는 것을 말한다. 이는 국민이 직접 대표를 선출하고 정치에 참여하는 중요한 과정인 선거절차의 공정성을 깨트리는 대표적 방법이다.

1812년 미국 메사추세츠 주지사 앨브리지 게리Elbridge Gerry는 자신에게 유리하게 선거구를 조정했다. 그 결과 만들어진 선거구 지도는 마치 도롱뇽 괴물 '샐러맨더'와 닮을 정도로 이상했고, 사람들은 '게리'와 '맨더'를 합쳐 게리맨더링이란 신조어를 만들었다. 이후 이러한 일들이 빈번해지며 괴상한 선거구 획정의 대명사가 됐다.

한국 역시 게리맨더링 이슈는 선거철마다 반복되는 문제다. 대한민국 총선은 인구편차 2대 1을 기준 삼아 그 범위 안에 들어오도록 선거구를 획정한다. 2대 1의 뜻은 최대 선거구와 최소 선거구의 인구편차가 2배를 넘지 않아야 한다는 것이다. 제22대 총선 기준 상한선은 27만 3,200명, 하한선은 13만 6,600명으로 평균은 20만 4,800명이다. 기존 3대 1이었지만 헌법재판소의 헌법불합치 판결로 2014년 2대 1로 조정됐다. 하지만 2대 1 역시 여전히 다른 나라와 비교할 경우 편차가 크다는 지적이 여전히 있다.

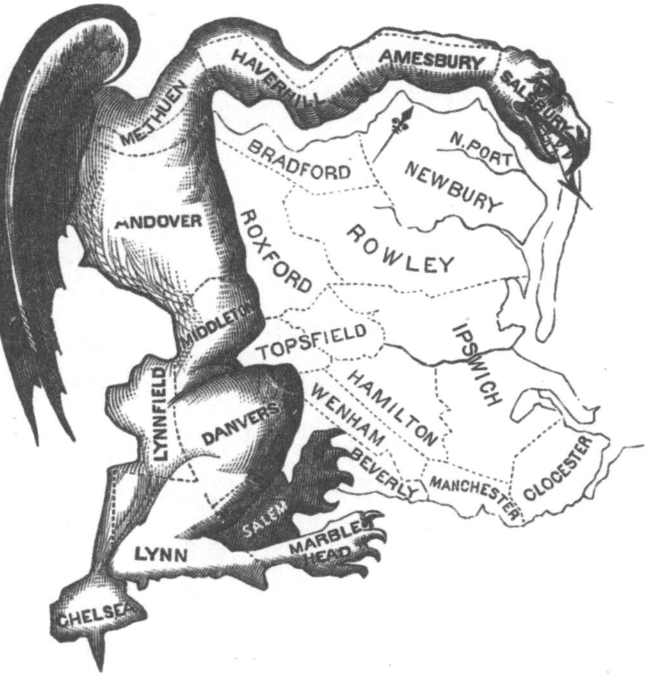

메사추세츠 주지사 앨브리지 게리가 조정한 선거구 출처: Elkanah Tisdale

인구수 기준으로 선거구를 획정하다 보니 잦은 선거구 조정에 따른 여러 부작용이 나올 수밖에 없다. 인구가 적은 지역의 경우 여러 지역과 합쳐져 거대 지역구로 묶이기도 한다.

2020년 제21대 총선에서는 기존 상주시·군위군·의성군·청송군 지역구에서 상주시를 제외하고 영양군·영덕군·봉화군·울진군 지역구에서 영덕군을 떼와 군위군·의성군·청송군·영덕군이란 새로운 지역구를 만들었다. 그러나 해당 지역구는 제21대 총선에서 한번만 시행된 뒤 제22대 총선 선거구 획정 과정에서 또다시 사라졌다. 선거구가 빈번하게 변화하면 지역 대표성이 중요한 선거에서 지역의 목소리를 제대로 반영하지 못한다는 지적이 나올 수밖에 없다.

특히 지역별 지지 정당이 뚜렷한 국내 정치 특성상 지역구 한 곳이 늘어나고 줄어들 때마다 사실상 의석 한 석이 좌우되기도 한다. 각 지역별로 예민하게 대응할 수밖에 없는 이유다. 결과적으로 이러한 인구기준을 맞추지 못하는 선거구가 나오기도 한다. 제22대 총선 기준으로 부산 북구갑(13만 5,195명), 인천 계양구갑(13만 4,548명), 경기 광명시갑(13만 2,027명) 지역구가 인구수 하한선에 미달했고 경기 파주시갑(28만 3,572명), 충북 청주시 흥덕구(27만 5,042명)는 상한선을 초과했다.

민의를 반영하는 비례대표제

국회의원선거에서 선거방식은 영원한 숙제다. 대한민국은 소선구제이자 단순다수대표제로 지역구 국회의원 254명을 뽑고, 비례대표제도로 46명의 비례대표 의원을 뽑는 혼합형 제도를 채택했다. 비례대표제란 정당의 득표율에 비례해 당선자수를 정하는 선거제도다. 특정 후보를 뽑는 지역구 국회의원선거와 달리 정당에 투표해 국민의 정당지지율이 고스란히 국회의원 의석수로 결정된다. 다수대표제와 대립되는 개념이다.

비례대표제는 1등 한 명만 당선되는 소선거구제와 양립할 수 없다. 필연적으로 중·대선거구제와 결합한다. 네덜란드, 스웨덴, 노르웨이와 같은 국가는 지역구 국회의원 없이 100% 비례대표로만 국회의원을 뽑는 완전비례대표제를 실시하고 있다. 반면 미국, 영국, 프랑스는 100% 소선거구제를 채택하고 있다.

대한민국에선 1963년 제3공화국에서 치러진 제6대 총선에서 비례대표제가 처음 실시됐다. 175명의 전체 국회의원 중 131석을 소선구제 지역구 국회의원선거로, 44석을 전국구 비례대표 의원으로 뽑았다. 전국구 의석 배분 방식은 제1당이 50% 이상을 득표 시 득표비례만큼 의석을 가져가는 식이었다. 문제는 제1당의 득표율이 50% 미만일 경우에도 전국구 비례대표 의석의 절반을 배분했다는 점이다. 이는 국회 장악을 위한 편법이었다. 결국 민의를 제대로 반영하기 위한 비례대표제가 오히려 더 왜곡된 결과로 이어졌다.

특히 당시 선거는 지금과 같이 1인 2표제가 아닌 1인 1표제였다. 지역구 의원에 대한 투표수를 다 합쳐 전국구 선거의 정당투표로 갈음하면서, 후보에 대한 지지와 정당에 대한 지지가 다를 수 있다는 점을 묵과한 셈이다. 1인 1표제는 2004년 제17대 총선에서야 지역구 투표와 비례대표 투표로 분리되며 1인 2표제로 변경됐다.

현재 대한민국 비례대표제는 정당투표 비율대로 전체 비례대표의 석수를 나눠가지는 전국 단위 비례대표제를 도입하고 있다. 비례대표 의석이 50석일 경우 A당이 50%, B당이 20%를 차지했다면 A당은 25석, B당이 10석을 가져가는 방식이다. 지지율이 의석수로 딱 떨어지지 않을 경우 대한민국은 '최대잔여법'이란 배분 방법을 사용한다. 전체 의석수의 각 비율을 산정해 정수 부분만큼을 의석 배분한 뒤 2차 배분 때는 소수 부분이 큰 정당부터 우선 배정하는 방식이다.

제21대 총선부터는 정당지지에 대한 민의를 제대로 반영하기 위한 연동형 비례대표제가 우여곡절 끝에 도입됐다. 일부를 연동형으로, 나머지는 기존 방식대로 배분하는 '준연동형 비례대표제'라는 매우 어렵고 복잡한 제도가 시행된 것이다. 연동형 비례대표제란 비례대표 투표에서 정당이 실제로 얻은 총 득표율이 국회를 구성하는 전체 의석수와 최대한 비슷하게 조정해주는 제도다.

단순비례대표제라면 거대 정당이 통상 지역구 국회의원과 비례대표 국회의원 모두 다수를 차지할 가능성이 크다. 하지만 연동형 비례대표제를 도입하면 비례대표 의석을 배분할 때 이미 지역구 의석이 많은 다수당에 페널티를 준다. 즉, 지역구에서 이미 많이 당선된 정당은 비례대표 의석을 적게 가져가고, 비례대표 투표에서 선전한 정당이 비례대표 의석을 더 많이 받도록 조정해주는 셈이다.

문제는 제21대 총선에서 연동형 비례대표제 도입을 반대했던 당시 보수 야당인 자유한국당이 허점을 노리는 운영으로 연동형 비례대표제를 무력화했다는 점이다. 자유한국당은 지역구에서 다수 의석을 차지한 정당의 경우 연동형 비례대표제가 불리하게 작용된다는 점을 역이용했다. 위성정당인 '미래한국당'을 별도로 창당해서 지역구 후보를 내지 않고 비례대표 정당으로만 운영했다.

즉, 본체인 자유한국당과 연동되지 않도록 머리를 쓴 것이다. 결국 여당인 더불어민주당도 위성정당 더불어시민당을 창당해 연동형 비례대표제를 유명무실한 제도로 전락시켰다. 이는 제22대 국회에도 마찬가지로 반복됐다. 이로 인해 연동형 비례대표제가 시행됐음에도 불구하고 사실상 단순비례대표제와 크게 다를 바 없는 선거가 됐다.

선거 방식에 대한 논의가 지속적으로 이루어지는 것은 각 방식 마다 장점과 단점이 뚜렷하고 각 제도상의 맹점이 있기 때문이다. 대표적인 사례가 1987년 제13대 대통령선거다. 유력 대선 후보였던 김영삼, 김대중 간 단일화가 실패하면서 군부 출신 노태우까지 더해 3파전으로 선거가 치러졌다. 김영삼 후보는 1대 1 대결을 펼쳤을 경우 나머지 두 후보에게 모두 이기는 것으로 분석됐다. 반대로 노태우는 1대 1 대결 시 김영삼뿐 아니라 김대중에게도 지는 분위기였다. 하지만 세 후보가 모두 선거에 나서면서 노태우 36.6%, 김영삼 28%, 김대중 27%의 득표율로 노태우 대통령이 당선됐다.

만약 프랑스와 같은 결선투표제 제도가 있었다면 아마 역사는 뒤바뀌었을 것이란 관측이 있다. 최소한 대선만큼은 당선자가 과반 지지율을 확보해야 한다는 관점에서 단순다수대표제가 아닌 절대다수제를 택해야 한다는 지적이다. 실제로 민주화 이후의 대선에서 과반 득표를 얻어 당선된 경우는 제18대 대통령선거(51.6%)밖에 없는 만큼 선거제도 개선 이야기는 지속적으로 나올 수밖에 없다.

대한민국만의
독특한 정당정치

70여년을 이어온 대한민국 정당제는 다당제적 양당제로 볼 수 있다. 역사 속에서 정당의 분열과 통합이 빈번하게 이루어졌고, 현재는 양대 정당 구도에 소수정당들이 뒤섞인 다당제적 성격이 혼재하고 있다.

대한민국 제22대 국회는 2025년 4월 말 기준 민주당계 정당인 더불어민주당 170석, 보수정당인 국민의힘 108석으로 양당이 총 278석을 차지하고 있다. 이어 12석을 모두 비례대표로만 얻은 조국혁신당을 비롯해 군소정당 5곳이 원내에 자리하고 있다.

다당제와 양당제, 정치의 향방이 갈리다

대표적 양당제 국가인 미국 의회는 보수진영의 공화당과 진보진영의 민주당이 양분하고 있다. 민주당은 1828년, 공화당은 1854년 창당해 200년 가까운 역사를 자랑한다. 영국 역시 거대 양당인 보수당과 노동당이 정당정치를 주도한다. 양당제는 소수정당의 난립이 적어 정치적 안정성이 높고, 선명한 정치구도로 유권자가 선택하기 쉽다는 특징이 있다. 다만 군소정당의 영향력이 적어 다양한 정치적 목소리를 반영하기 어렵다. 또 거대정당 내 계파나 파벌 싸움이 빈번하게 일어난다.

반면 세 개 이상 정당이 정치적 영향력을 행사하는 다당제는 하나의 정당이 단독으로 과반을 차지하기 어려워 연립정부를 구성하기도 한다. 대체로 비례대표제가 채택돼 군소정당이 성장할 기회를 가진다. 다만 정치적 불안정성이 높고, 연립정부가 붕괴될 경우 조기선거가 치러지는 등 변수가 많다. 또한 당내에서 계파화되는 양당제와 달리 정치적 스펙트럼에 따라 여러 당들이 출연할 수 있는 만큼 극우나 극좌와 같은 극단적인 정당의 등장도 불가피하다. 대표적으로 독일, 프랑스, 이탈리아 등 유럽 국가의 정치는 다당제에 기반하고 있다. 반면 일본은 다당제를 채택하지만 1955년부터 자유민주당(자민당)이 오랜 기간 정권을 유지하며, 일부 기간을 제외하고 수십년간 장기집권체제를 이어가고 있다.

특히 군소정당은 평소에는 그 존재감이 미미할 수 있지만, 거대 양당이 팽팽하게 맞설 때 비로소 빛을 발한다. 한 표 한 표가 소중한 순간 군소정당은 캐스팅보트Casting Vote 역할을 한다. 캐스팅보트란 가부가 동수일 때 특정인이나 조직이 이에 대한 결정권을 가진 상황을 뜻한다. 국내에선 두 정당의 세력이 비슷할 때 정당의 승패를 결정하는 제3당의 표를 관용적으로 캐스팅보트라 칭한다.

캐스팅보트는 단순한 한 표가 아니라, 정치 지형을 뒤흔드는 힘이 있다. 특정 시점에는 작아 보일지 몰라도, 결정적인 순간에는 그 누구보다 큰 영향력을 발휘하는 것이 바로 군소정당이다. 실제로 미국 상원에서는 표결 결과가 동수일 경우, 상원의장을 겸하는 부통령이 캐스팅보트를 행사해 가부를 결정한다. 다시 말해, 부통령 한 사람의 손끝에서 법안의 운명이 갈리는 셈이다. 반면 대한민국 국회에서는 상황이 다르다. 헌법에 따라 가부 동수일 경우, 부결로 간주한다.

정당뿐 아니라 세대나 지역 등에 그 범위를 확장해 '캐스팅보트'라는 표현을 쓰기도 한다. 전국 단위 선거에서는 특정 연령대 또는 특정 지역을 캐스팅보트라고 일컫는 것이 대표적이다. 예컨대 지지성향이 상대적으로 뚜렷한 영남과 호남지역과 달리 충청지역은 선거 때마다 지지정당이 달라지는 데서 유래해 충청도를 전국 단위 선거의 캐스팅보트라고 부른다.

앞서 살펴봤듯이 정당 활동은 헌법상으로도 설립의 자유가 보장된 국민의 권리이기도 하다. 대한민국 국민이라면 누구나 정당에 가입할 수 있지만 예외가 있다. 정치적 중립이 의무화된 선출직과 정무직이 아닌 공무원, 군인, 교원은 정당 가입이 금지된다. 교수는 가입이 가능하다.

다만 대한민국에서 실무적으로 정당을 설립하는 것은 말처럼 간단하진 않다. 정당 설립을 위해선 전국 정당을 표방해야 하며 최소 5개 시, 도에 시·도당을 설치해야 한다. 또한 각 시·도당은 최소 1,000명 이상의 당원을 확보해야 한다.

즉, 최소 5,000명 이상의 당원이 필요하다. 창당을 위한 발기인 수도 200명 이상으로 정해져 있다. 이후 중앙선거관리위원회에 등록하면 정당 설립이 가능하다. 허가가 아닌 등록을 통해 설립이 확정된다. 인구가 6,500만 명인 영국의 전국 단위 정당을 위한 당원 조건이 1,000명인 점을 감안하면 설립 조건이 다소 까다롭다는 평이다.

정당이 소멸하는 방법에는 해산과 등록취소가 있다. 첫째는 정부 제청으로 헌법재판소가 심판하는 '위헌정당해산제도'에 의한 해산이다. 둘째로 등록취소의 경우, 한때 국회의원선거에 참여해 전국 기준 2% 이상 득표를 얻지 못할 경우 정당 등록을 취소하는 조항이 있었지만 위헌법률심판제청을 통해 위헌판결을 받아 조항이 삭제됐다. 현재 등록취소 조건은 정당이 수도권 중앙당 및 5개 이상의 광역자치단체에 시·도당을 두지 못할 경우 또는 정당이 4년 이내에 국회의원선거 또는 지방선거에 참여하지 않을 경우다. 물론 정당이 자진 해산하는 것도 가능하다.

안정적인 정권운영의 선제조건, 여대야소

'여당'과 '야당'. 정치를 접하면 가장 먼저 만나는 용어로 정부와 정당 간의 관계를 이해하는 가장 중요한 개념이다. 처음에는 입에 붙지 않을 정도로 어색하지만 정치와 조금만 친해져도 금방 익숙해지는 표현이다.

여당이란 현재 정권을 잡고 있는 정당을 뜻한다. '與(더불 여)'라는 한자는 '함께한다'는 뜻이다. 정부(행정부)와 함께 국정을 운영하는 정당이라는 의미에서 여당이라고 부른다. 통상 대통령선거에 승리한 후보의 소속 정당이 여당이다.

물론 당선 후에 정치 지형도의 변경으로 기존 여당이 다른 당으로 바뀌는 이례적인 상황도 발생한다. 노무현 대통령은 새천년민주당의 대선 후보로 대통령에 당선됐다. 즉 새천년민주당이 노무현 정부의 집권여당이 됐다. 하지만 노 대통령과 새천년민주당 내 주류 세력 간의 갈등 끝에 친노무현계 의원들이 대거 탈당해서 만든 열린우리당이 새로운 집권여당이 됐다. 반대로 여당이었던 새천년민주당은 하룻밤 사이 여당에서 야당이 됐다.

야당은 여당의 반대편에 선 정당을 뜻한다. '野(들 야)'라는 한자를 쓰는데 들판 또는 바깥과 같이 안락하지 않은 곳에서 여당을 감시하고 비판하는 역할을 한다는 뜻이다. 대통령제에선 여당을 제외한 모든 정당이 야당이다. 여당과 야당이 서로 견제와 균형 속에서 서로 성장하고 발전하는 관계로 나아가는 것이 이상적이다.

하지만 현실은 양보와 타협 대신 헐뜯기와 비판으로 점철되는 경우가 훨씬 많다. 이마저도 사실은 민주화 이후에나 가능했다. 민주적인 정치제도가 자리 잡기 전에는 껍데기뿐인 야당이 여당의 들러리를 서기도 했다. 1980년 전두환을 중심으로 한 신군부는 모든 정당을 강제해산한 뒤 형식적으로 정당 민주주의를 조작했다. 여당이자 집권당인 민주정의당과 함께 야당 인사들을 회유, 협박해 여러 개의 관제야당을 만들었다. 온건보수 야당인 민주한국당, 진보성향의 민주사회당, 민주농민당까지 여러 야당이 등장하며 마치 정상적인 민주주의가 가동하는 듯 구색을 맞췄다. 사실상의 일당제였지만 형식상 다당제를 꾸려 여야를 나눠가진 보여주기식 연극은 결국 1987년 민주항쟁으로 완전히 막을 내렸다.

끝없는 줄다리기와 같은 정치에서 양쪽 끝을 잡고 있는 것이 바로 '여당'과 '야당'이다. 양측은 서로를 밀고 당기며 힘 싸움을 한다. 때로는 협력하고 때로는 대립하며 치열한 경쟁자이자 운명 공동체로 움직인다. 특히 여야 간 체급차이에 따라 양쪽의 균형추도 크게 흔들릴 수 있다. 실제 상대방이 있는 겨루기 운동종목에선 체급이 상당히 중요하다. 몸무게별로 각 체급을 나누어 겨루는 이유 역시 이러한 체급에서 차이가 날 경우 힘의 불균형이 너무나 커지기 때문이다.

국회에서 이러한 체급은 결국 의원수에 비례해 결정된다. 의석수가 많을수록 의사결정에서 주도권을 쥘 수 있는 확률이 높아진다. 국회의 가장 기본 의결 원칙이 과반수인 만큼, 절대다수를 차지한 정당이 결국 입법 등 여러 국회 권한의 행사에 유리하다. 즉, 과반수의 확보 여부가 국회 주도권을 쥐는 최소한의 열쇠인 셈이다.

대통령이 속한 집권여당이 과반수의 의석을 확보할 경우 당연히 집권여당을 제외한 나머지 당의 의석수 합은 여당보다 적게 된다. 특히 제1야당이 나머지 군소정당과 공동연대가 공고하지 않을 경우 제1야당의 힘은 더 줄어든다. 이렇게 여당이 야당보다 그 수가 많은 경우를 여대야소與大野小라고 부른다.

일반적으로 안정적인 정권운영의 선제조건이 바로 여대야소 구도의 확보다. 영국, 일본 등 의원내각제의 경우 선거에서 승리한 집권당에서 수상이나 총리를 배출하므로 제1당이 의회와 행정부를 같이 장악해 자연히 여대야소의 구도가 항상 만들어진다.

대통령제에서는 집권여당이 과반수 이상 의석을 확보할 경우 대통령의 국정운영에 힘을 실어주고 입법권을 주도할 수 있다. 또한 원내 제1당은 국회의장을 배출하고 각종 상임위 위원 배분이나 보조금 확보에도 큰 혜택이 있다. 의석수에 따라 차기 선거의 선거번호가 결정되기 때문에 선거번호 1번을 확보할 수 있다는 점도 유리하다.

건국 직후 국회의 구도는 여대야소로 시작했다. 이후 군부독재로 이어지며 이러한 여대야소 구도 역시 공고했다. 여대야소 구도가 처음 깨진 것은 1988년 4월 치러진 제13대 총선이다. 1987년 대통령 직선제로 노태우 대통령이 취임한 후 정부 중간평가 성격으로 치러진 제13대 총선에서 여당인 민주정의당은 총 299석 중 125석을 확보해 제1당이 됐지만 과반수 획득에 실패했다. 대한민국의 첫 여소야대 국회가 탄생한 것이다. 여당의 힘이 약해지자 야당은 국회 출범 직후 제5공화국에 대한 정치권력형 비리조사 특별위원회와 광주민주화운동진상조사특별위원회 청문회, 이른바 5공 청문회를 열어 정부를 압박했다.

왜 '좌파'와 '우파'일까?

왜 보수진영을 우파, 진보진영을 좌파라고 하는 걸까? 이 개념은 1789년 프랑스 혁명 당시 프랑스 의회의 자리 배치에서 시작한다. 1789년 프랑스에서는 신분제가 폐지되고 새로운 헌법을 만들기 위한 국민의회가 시작됐다. 당시 급진 개혁을 원하는 세력과 기존 질서를 지키려는 사람들 사이의 갈등이 심했다.

양측의 극렬한 대치는 의회에서도 이어졌다. 이들의 싸움이 펼쳐진 국민의회에서 왕권을 지키고 기존 질서를 유지하려는 보수진영 의원들은 의장석 기준 오른쪽에 앉았다. 반면 사회 개혁과 변화를 요구하는 진보주의자들은 왼쪽에 자리했다. 보수진영은 오른쪽Right, 진보진영은 왼쪽Letf에 앉아 치열하게 다투고 서로의 입장을 관철시키기 위한 웅변을 이어갔다. 이후 자연스럽게 보수진영은 우파로, 진보진영은 좌파라고 부르게 됐다.

19세기를 거쳐 20세기에 진입하며 정치논리는 경제와 결합한다. 영국에서 시작된 산업혁명이 전 세계로 퍼져나가며 삶의 질서를 송두리째 바꿔버린 것이다. 산업화의 확산은 대량생산과 함께 노동자

계급을 등장시켰고, 마르크스와 같은 사상가의 등장으로 좌파의 이론적 토대가 강화되면서 사회주의와 공산주의 이념이 발전한다.

노동자 계급의 반대편에는 자본가들이 자리 잡았다. 자유주의 경제체제에서 자본가들은 시장주의와 자본주의를 바탕으로 부를 독점하며 노동자들의 대척점에 섰다. 이들은 보수주의와 민족주의를 결합하며 우파 진영을 구축했다. 치열한 이념 경쟁 끝에 공산주의는 막을 내렸지만 현대 정치에서 우파와 좌파라 불리는 보수진영과 진보진영은 여전히 경쟁관계를 이어가고 있다.

현대 정치의 진보진영은 경제적으로 정부의 개입을 강조하며 사회적인 평등, 인권, 다문화주의를 지지한다. 미국의 민주당과 영국의 노동당이 대표적이다. 반면 보수진영은 시장경제의 자율성을 중시하며 작은 정부를 기본적으로 지향한다. 또 가족, 종교, 정체성 등 사회적으로 전통적인 가치를 중시한다. 미국 공화당과 영국 보수당이 있다.

민주당계 정당과 진보주의 정당

현재 대한민국 정치에서 보수와 진보 진영은 분명히 있다. 그렇다면 국민의힘은 해당 논리대로 우파 보수정당이고 더불어민주당은 좌파 진보정당일까? 치열한 이념 대립 끝에 정착한 전통적 관점의 진보와 보수 관점에서 더불어민주당은 진보정당으로 분류되지만 전통적 좌파로 보기만은 쉽지 않다. 편의상 구별을 쉽게 하기 위한 표현일 뿐, 양측의 실질적 정치성향에 대해선 좀 더 면밀히 살펴봐야 한다.

대한민국 정치사는 이념갈등에서 비롯된 남북분단과 그 이후 독재로부터의 민주화 등 특유의 역사적 배경으로 인해 다른 나라와 다른 독특한 정치문화를 형성하고 있다. 공산주의를 택한 북한과 대치하면서 반공주의를 기본으로 한 보수 문화가 자연스럽게 성장했다. 반공 이념이 국가 정체성의 핵심요소가 되며 보수정당이 장기적으로 우위를 점할 수밖에 없는 구도가 됐기 때문이다.

좌파 내지 진보정당은 친북이나 종북 프레임에 갇힐 수밖에 없었다. 실제로 대한민국 정당 이름 중 북한을 연상시키는 인민, 공산과 같은 단어들은 금기시된다. 군부 출신 박정희, 전두환 대통령 등 반공과 보수 가치를 앞세운 정권과 이에 맞서는 김대중, 김영삼 등 민주화 진영 간의 대결은 대한민국 정당사의 큰 줄기가 됐다.

역사적, 이념적 배경을 종합하면 더불어민주당은 진보계 정당과는 구분되는 '민주당계 정당'이란 정체성을 갖고 있다. 전 세계적으로 찾아보기 힘든 대한민국의 지정학적 특이성과 분단국이라는 개별성으로 인해 대한민국만의 독특한 정치 문화가 생겼기 때문이다.

전통적으로 민주당계 정당은 보수정당에 비해 진보적 성향을 띠지만 역사적으로 보수적 정책을 택하기도 했고 중도 또는 진보 정책을 뒤섞기도 했다. 1955년에 창당한 민주당은 이승만 정부에 대항한 한국 헌정사상 최초의 단일 야당이다. 현재의 더불어민주당과 직접적 이해관계는 없지만 더불어민주당은 당 정체성의 뿌리를 '반독재 민주정당'이라고 밝히며 민주당의 정신을 계승하고 있다.

흥미로운 것은 1955년 민주당은 당시 역사적 상황으로 인해 철저히 반공을 내세운 보수 우익 정당이었다는 점이다. 즉 진보진영을 대표하는 더불어민주당을 거슬러 올라가면 보수진영과 연결돼 있다는 것이다. 민주당은 굴곡진 한국사 속에서 군부독재에 대항한 김대중, 김영삼이 중심이 된 신민당을 거쳐 김대중 대통령을 배출한 새정치국민회의, 노무현 대통령을 탄생시킨 새천년민주당으로 이어졌고 지금의 더불어민주당으로 명맥을 유지하고 있는 셈이다. 특히 민주당계 정당은 오랜 기간 보수 가치를 지향하며 민주정당을 표방했기에 서구 전통적 관점의 진보주의와는 그 색을 달리해왔다.

물론 정치의 민주화가 완전히 정착한 2000년대 이후부터는 민주당계 정당에도 다양한 스펙트럼의 진보적 이념들이 수용되기 시작했다. 하지만 김대중, 노무현 대통령으로 이어진 민주당계 정당 출신 대통령들은 고용 유연화 정책, 한미 FTA 등 친시장경제적 보수정책을 상당수 펼쳤다. 또한 '햇볕정책'과 같은 대북 포용정책은 보수진영의 대표 이념인 민족주의와 맞닿아 있다. 김대중 대통령 스스로도 밝혔듯이 '국민의 정부'라 불린 김대중 정부는 중도개혁주의를 이념으로 내세웠고 이를 보수자유주의로 평가하기도 한다.

즉, 대한민국 특유의 민주당계 정당은 흑백논리적 관점에서의 진보적 정책에 치중해 있다기보다 역사적 배경과 맥락 속에서 보수적이거나 진보적이었고 중도적 관점의 정책을 취하기도 했다. 이러한 특이성으로 인해 '민주당계 정당'이라는 대한민국 고유의 독특한 정치계파로 불리는 것이다.

그렇다면 대한민국에 좌파성향을 가진 진보주의적 정당은 없는 걸까. 그렇진 않다. 건국 이래 보수정당과 민주당계 정당들이 계보를 이어오며 정당사를 주도해왔지만 노동자와 서민, 사회적 소수자를 대변하는 진보정당이 없는 것은 아니다. 다만 진보정당을 표방하다 위헌정당해산심판으로 해산된 통합진보당 사례에서 볼 수 있듯이, 북한과 공존하는 대한민국 정체성으로 인한 진보진영의 한계도 분명히 있다.

현대 진보정치의 뿌리는 2000년 창당한 민주노동당을 꼽는다. 민주노총을 비롯한 노동조합과 각 사회운동을 기반으로 한 지역조직을 바탕으로 당 지지율이 10% 이상을 기록했을 만큼 영향력이 컸다. 2004년 제17대 총선에서는 무려 13%의 비례정당 득표율을 기록했다. 이는 진보정당 중 역대 최고 득표율이다.

이후 이념 차이로 인해 노회찬, 심상정 등이 민주노동당을 나와 진보신당을 창당했고 이후 통합진보당과 진보신당으로 재편됐다. 통합진보당은 해산의 길을 걸었고, 진보신당은 또다시 재편을 통해 정의당을 중심으로 원내 진보정당의 명맥을 이어왔다. 제22대 국회에는 진보당(3석), 사회민주당(1석), 기본소득당(1석) 등 3개 진보정당이 원내 입성에 성공했다

완전히 뒤집힌 정당 '색깔'과 당 이름의 역사

선거철만 되면 전국이 알록달록 물든다. 거리 곳곳에는 당의 상징색을 담은 깃발과 현수막이 나부낀다. 정당의 정체성을 담고 있는 이름만큼이나 정당의 이미지를 대표하는 정당의 색도 중요하다. 특히 이미지의 중요성이 어느 때보다 중요한 시대다. 자신과 잘 어울리는 색상과 톤을 찾는 것은 기본이고 쿨톤, 웜톤 등 퍼스널 컬러를 찾아주는 전문기업이 등장할 정도다. 정당 역시 기업들이 브랜드 전략과 아이덴티티를 고심하듯 이미지 정치에 진심이다.

이제 막 정치를 접한 사람들은 국민의힘은 빨강, 더불어민주당은 파랑이 먼저 떠오르겠지만 사실 이 색깔은 과거와 정반대로 뒤집힌 결과다. 언제부터 대한민국에서 보수정당은 붉은색을, 진보정당은 파란색을 쓰게 됐을까?

붉은 보수, 파란 진보의 아이러니

건국 직후인 1950년대, 한국 정치에서 정당 색은 진보와 보수가 표방하는 이념을 대표하는 색이었다. 다만 당시는 '이승만의 자유당', '신익희의 민주당'처럼 지도자의 이름이 곧 브랜드였던 시대다. 정당 로고도 단순한 도형에 불과했다. 대한민국에 컬러텔레비전이 도입된 시기는 1970년대 후반이고 1980년대가 돼서야 본격적으로 보급되기 시작했다는 점을 감안하면 색의 중요성에 대한 인식 자체가 비교적 늦게 형성될 수밖에 없었다.

건국 초기 자유당은 청색, 민주당은 남색으로 주로 푸른 계열이 자유민주주의를 표방하는 우익 세력의 색이었다. 반면 대한청년단, 남조선로동당 등 진보진영은 진보와 혁명을 상징하는 붉은색을 사용했다. 사회주의와 공산주의를 대표하는 빨강색은 1917년 러시아 혁명 당시 급진적 공산주의 세력인 '볼셰비키'의 색으로 이들이 정권을 잡으면서 공산주의의 상징색이 됐다.

이후 소련, 중국, 북한 등 공산권 국가들이 붉은색을 국가와 정당의 색으로 선택했다. 특히 이념을 둘러싼 좌익과 우익 간 갈등이 심화했던 건국 초기를 전후해 공산주의자들을 낮잡아 부르는 '빨갱이'라는 용어가 등장한 것도 당시 이념갈등의 결과물이다.

1960년대에도 상황은 비슷했다. 박정희의 민주공화당, 김대중과 김영삼이 활동했던 신민당 모두 정당의 색에 큰 정체성을 부여하지 않았다. 인물 자체가 정당을 대표했다. 박정희 대통령 시절 집권여당이던 민주공화당은 갈색이라는 특이한 색을 당의 색으로 삼았다. 김영삼, 김대중 대통령이 주축이 된 당시 야당인 신민당은 보수정당임에도 불구하고 붉은색을 당의 색으로 택했다. 1980년대 전두환의 민주정의당도 푸른색을 쓰긴 했지만, 이는 정당의 상징이라기보다 정부기관 이미지와 비슷한 단순한 선택이었다.

정체성을 담으며 다양해진 '당 색깔'

대한민국 정치에서 색의 중요성이 인지되기 시작한 것은 1987년 민주화 이후다. 본격적인 정당 경쟁이 시작되면서 당의 정체성을 강조하기 위해 색깔이 조금씩 도입됐다. 노태우 정부 시절 집권여당인 민주정의당과 이후 김영삼 정부의 민주자유당은 푸른색 계통을 썼다. 전통적으로 안정과 정부, 보수를 상징해온 색이 바로 푸른색이기 때문이다.

반면 김대중과 동교동계가 1987년 김영삼과 갈라서며 통일민주당을 탈당해 만든 평화민주당은 연노란색을 썼고 이후 김대중 정부시절 집권여당이 된 새정치국민회의는 녹색과 파란색을 당 색으로 채택했다. 새정치국민회의는 더불어민주당의 실질적 시작이라고 평가받는 만큼 기존에 잘 쓰이지 않던 녹색을 썼다는 데 의의가 있다. 이후 2000년 총선을 앞두고 새정치국민회의는 당을 새천년민주당으로 확대개편하며 청록색과 파란색을 사용해 색 정체성은 유지했다.

지역정당의 대명사로 불리며 충청의 맹주를 자처했던 자유민주연합(자민련) 역시 초록색과 연두색을 사용했다. 즉, 2000년대 초반까지 여당과 야당 할 것 없이 파란색을 공통적으로 이용하며 녹색 정도가 추가된 무색무취 색 문화가 이어진 셈이다.

청색과 녹색이 지배하던 대한민국 정당색 문화에 새로운 파격이 도입된 것은 2003년 노무현 대통령 시절이다. 여당 분열로 탄생한 열린우리당은 파격적이게도 주된 색이 노란색인 당 로고를 발표했다. 이후 진보정당과 시민운동, 노동운동이 노란색을 선점하며 정당의 색 정치가 본격적으로 확산됐다.

그리고 2012년, 한나라당이 기본 정당 색의 고정관념을 깨트리는 혁신을 시도한다. 새누리당으로 개편하면서 보수정당을 대표하는 파란색을 버리고 빨간색을 택한 것이다. 이전까지 한국 정치에서 빨간색은 북한을 연상시키는 바람에 사실상 금기시된 색이었다. 그러나 박근혜 당시 비상대책위원장은 대대적인 쇄신과 변화를 예고하며 당명과 함께 당의 색상 이미지도 파격적으로 바꿨다. 이후 새누리당의 정체성이 이어지며 국민의힘까지 빨간색을 당의 색으로 쓰고 있다. 보수진영이 붉은색을 택한 것은 불과 10여년 남짓인 셈이다.

민주당계 정당 진영에서는 분열됐던 계파를 다시 합친 통합민주당에서 다시 초록색을 택한 뒤, 2013년 로고와 함께 당의 색을 태극 파랑색으로 바꿨다. 이는 더불어민주당의 상징색인 파란색의 시발점이 됐다. 현재 더불어민주당은 파란색을 기본으로 보라, 초록을 보조색상으로 사용해 다양한 가치를 품는 포용성을 담았다.

정리해보면 건국 이래 줄곧 파란 계통 색을 써왔던 보수 정당은 2012년부터 붉은색을 당의 색으로 정착시켰고 민주당계 정당은 2013년부터 파란색을 당의 정체성으로 확정했다. 보수정당은 공산주의의 상징색을 가져왔고, 민주당계 정당은 보수정당의 전통색을 사용하게 된 것이다. 몇 년 뒤에는 어떤 색이 어떤 정당의 상징이 될지 궁금해진다.

그 많던 당명은 어디로 갔을까

대한민국에서 정당 이름은 마치 짧게 유행하는 밈meme마냥 자주 바뀌었다. 미국에서 공화당과 민주당이 각각 보수와 진보를 대표하는 정당으로 100년 넘는 역사를 자랑하는 것과 달리 한국의 정당은 10년 이상 존속한 정당이 손에 꼽을 정도로 등장했다 사라지길 반복했다.

제22대 국회 기준 집권당인 국민의힘은 2020년 9월에 등장했고 더불어민주당 역시 2015년 12월 등장해 역사가 10년 남짓이다. 원내 3당이자 12석을 보유한 조국혁신당과 3석의 의석을 가진 개혁신당도 2024년 등록된 신생정당이다. 대한민국 정당은 왜 이렇게 단명하는 걸까.

1948년 대한민국 정부 수립 후 등장한 정당의 이름은 직관적이고 단순했다. 이승만 대통령의 자유당은 말 그대로 자유를 지향하는 정당이고 신익희와 장면이 이끈 민주당은 민주주의를 지향하는 정당임이 당명에 담겼다. 그 외 한국독립당, 통일당 등 건국 초기 여러 정당들은 이름만 봐도 지향하는 바가 선명했다.

하지만 1960년대 본격적으로 독재 정권이 들어서고 이에 반발하는 민주화 세력이 대립하기 시작하며 정당 이름의 역사가 꼬이기 시작했다. 민주화를 외친 야당은 당연히 당명에 '민주'를 넣는 게 기본이었다. 아이러니하게도 군부독재 정권의 집권당 역시 '민주'를 당명에 꼭 집어넣었다.

박정희 대통령이 총재를 맡은 집권여당 민주공화당은 17년 8개월간 존재하며 대한민국 정당사에서 이름을 바꾸지 않고 가장 오랫동안 존속한 정당이라는 기록을 남겼다. 이후 쿠데타를 일으킨 신군부가 정권을 잡은 1981년 제5공화국의 집권여당인 민주정의당은 가장 민주적이지 않은 정치 상황 속에 사실상 일당체제로 운영됐다.

독재 정권에 맞서 싸우기 위해 야당인사들이 협력해 1967년 탄생시킨 신민당의 뜻을 풀이하면 '새로운 민주당'이다. 이후 대한민국 민주화 운동의 대명사인 김영삼과 김대중은 1987년 각각 통일민주당과 평화민주당을 창당하며 '민주화'에 대한 열망을 당의 이름에 고스란히 반영했다.

군부독재에 기반한 보수정당과 민주화를 핵심으로 한 민주당계 정당 간의 팽팽한 긴장감은 1990년 변화를 맞이한다. 노태우 대통령 시절 집권여당인 민주정의당이 1988년 치러진 제13대 총선에서 299석 중 125석만 확보해 최초의 여소야대 국회가 만들어졌기 때문이다. 결국 1990년 노태우 대통령은 김영삼의 통일민주당, 김종필의 신민주공화당과 3당 합당을 통해 민주자유당을 출범한다. 민주자유당은 김영삼 대통령을 만들며 집권에 성공했지만 이후 신한국당을 거쳐 레임덕이 본격화한 1997년 한나라당으로 재탄생하며 변화의 물결에 올라탔다.

그리고 그 무렵부터 보수진영 정당 이름에서 '민주'라는 단어가 자연스럽게 사라졌다. 한나라당은 2012년까지 약 15년간 보수정당의 전성기를 크게 누렸다. 그리고 앞서 언급한 대로 2012년 박근혜 당시 비상대책위원장의 주도로 한나라당은 새누리당으로 개명했으나, 이후 박근혜-최순실 게이트의 여파로 일부 의원들이 탈당해 바른정당을 창당했다.

한편, 새누리당은 자유한국당으로 다시 이름을 바꾸며 쇄신을 시도했다. 자유한국당은 2020년 제21대 총선을 앞두고 새로운보수당 등과 통합해 미래통합당을 출범시키며 역사 속으로 사라졌다. 비록 당명은 여러 차례 변경되었지만, 한나라당에서 시작해 새누리당, 자유한국당을 거쳐 미래통합당으로 이어지는 보수정당의 정체성은 22년간 유지되었다.

반면 3당 합당에 반대하며 야당의 길을 택한 김대중과 그의 측근인 동교동계는 과거 김대중이 몸담았던 신민당 정신을 고취시키고자 '신민주연합당'을 거쳐 민주당으로 변신을 성공했다. 특히 1991년 출범한 민주당은 현재 민주당계 정당의 직접적 전신으로 불린다. 다시 한번 민주당계 정당을 통합한 김대중은 1995년 새정치국민회의를 출범시켰다.

새정치국민회의는 민주당계 정당의 정체성을 더욱 강화하며, 본격적인 정권 교체를 준비하는 기반을 쌓았다. 이후 김대중은 1997년 대선에서 승리해 대한민국 최초의 평화적 정권 교체를 이뤄냈다. 그리고 집권여당이던 새정치국민회의는 2000년 쇄신을 위해 새천년민주당으로 당명을 바꾸어 노무현 대통령을 당선시키기도 했다. 이후 당내 계파 갈등으로 친노무현계 중심의 열린우리당의 창당하는 등 분열했다가 현재의 더불어민주당으로 정착했다.

슈퍼스타가 탄생하는 전당대회의 모든 것

정당은 선거를 이기고 정권을 쟁취하기 위해 존재한다. 그리고 다른 조직과 마찬가지로 정당에도 대표가 필요하다. 그렇다면 정당의 대표는 어떻게 뽑을까? 정당 대표를 선출하는 방법은 당의 헌법과 법률이라 할 수 있는 당헌, 당규에 따라 결정된다. 보통 당대표는 당원들의 선거 행사인 '전당대회全黨大會'를 통해 선출하고, 당을 이끌 선출직 최고위원 역시 전당대회를 통해 뽑는다.

정당이 대통령 후보를 선출하는 전국 단위의 당내 경선도 전당대회 형식으로 진행된다. 이는 전국 당원들의 표심을 직접 확인하는 동시에, 전당대회를 통해 당원들의 결집을 유도하고 당에 대한 지지세를 끌어올리기 위한 목적도 있다.

당대표를 뽑는 전당대회의 모든 것

전당대회가 당원들의 축제이긴 하지만, 당은 내심 전당대회를 통해 외부의 관심도 끌어오고 싶은 속내도 있다. 박빙의 승부가 펼쳐지거나 깜짝 스타 정치인이 탄생할 경우 당원뿐 아니라 일반 유권자들에게도 관심을 유발하는 선전효과가 있기 때문이다. 지지율로 먹고 사는 정당 입장에선 당연히 환영할 만한 일이다. 이렇게 정치 이벤트로 당 지지율이 상승하는 현상을 '컨벤션 효과'라고도 부른다. 전당대회의 영어식 표현인 'Party convention'에서 유래를 찾을 수 있다.

전당대회에서 당대표를 비롯한 당 지도부를 뽑는 방법도 제각각이다. 당원들이 수백만 명이 될 경우 전체 당원이 투표하는 직접투표가 쉽지 않은 만큼 대표성을 부여받은 대의원들이 투표하는 대의원 투표를 병행한다. 또 전당대회의 대중적 흥행을 위해 당원 투표 외에 일반인 대상 여론조사를 가미하는 국민 참여 경선을 치루기도 한다. 국민투표를 도입할지, 그 비율을 어떻게 할지는 당의 결단에 달렸다.

2002년 민주당계 정당인 새천년민주당의 대통령 후보 전당대회에서 대중적 인지도가 낮던 노무현 후보가 소위 '노풍盧風'을 일으켜 단숨에 당의 대선 후보가 된 후 아예 대통령에 당선된 성공 사례가 있다. 당시 계파 정치가 남아있던 정치판에서 딱히 계파랄 게 없던 노무현 후보는 전당대회 초반만 해도 주목받지 못하는 군소후보였다.

하지만 노사모(노무현을 사랑하는 사람들의 모임)라는 대한민국에 유래 없던 정치인 팬클럽의 등장과 함께 새천년민주당의 전당대회는 정치 문화를 완전히 바꿔놓았다. 당시 새천년민주당은 처음으로 국민경선제를 도입했는데 대의원 20%, 일반 당원 30%, 국민 50%의 비율로 선거를 진행했다. 3만 5,000명을 추첨으로 뽑은 일반 국민 선거인단엔 190만 명이 몰리며 노풍을 실감케 했다.

2021년 기존 미래통합당에서 국민의힘으로 당명을 바꾼 뒤 초대 당대표와 선출직 최고위원을 뽑았던 제1차 국민의힘 전당대회도 여러모로 대중적 화제를 모은 행사다. 제1차 전당대회에서는 당대표와 5명의 선출직 최고위원(일반 최고위원 4명·청년 최고위원 1명)을 뽑았다. 예비 경선을 당원 여론조사 50%와 일반 국민 여론조사 50%의 비율로 진행한 후, 본선에서는 당원 투표 70%와 일반 국민 여론조사 30%의 비율로 치렀다.

예비 경선(컷오프) 결과, 나경원, 이준석, 조경태, 주호영, 홍문표 등 5명의 후보가 당대표 본선에 진출했다. 당초 다선 의원이자 인지도가 높은 나경원과 주호영 후보의 당선 가능성이 높게 점쳐졌으나, 전당대회가 진행되면서 이준석 후보가 유력 주자로 부상했다.

결국, 노무현 대통령의 경선 과정과 유사하게, 한 번 바람을 탄 이 후보에 대한 지지 열기는 더 뜨거워졌고 최종적으로 43.81%의 득표율로 당선됐다. 특히 당원 투표에서 1위를 차지했던 나경원 후보와 달리 여론조사에서 과반이 넘는 58%의 지지율로 사실상 역전승을 거뒀다. 당시 36세로 국회의원 당선 경력이 전무했던 이 후보가 결국 당선된 것이다.

이 후보의 보수정당 당대표 경선 승리는 전문가들조차 예상치 못한 파격적인 결과였다. 또한 보수정당의 당내 선거가 이렇게 폭발적인 관심을 받은 적이 거의 없었던 만큼 흥행 측면에서도 대성공을 거뒀다. 이 대표는 이 승리로 헌정사 최초 30대의 나이에 교섭단체 당 대표에 오르는 기록을 남기기도 했다.

전당대회가 당 지도부나 당의 대통령 후보를 뽑는 일종의 선거 이벤트라면 당 차원에서 국회의원선거나 지방선거 후보자를 뽑는 과정은 '공천公薦'이라 불린다. 공천이란 정당이 선거에 출마할 후보자를 공식적으로 선발하는 과정이다. 정당은 선거에서 경쟁력 있고 당의 이념과 정책을 잘 대변할 인물을 선발하는 선거를 치른다.

공천을 하는 여러 방법 중 대표적인 방법이 바로 경선競選이다. 공천의 방법은 크게 상향식 공천과 하향식 공천으로 나뉜다. 하향식 공천은 당 지도부가 사실상 전권을 갖고 지역구나 지역자치단체별로 후보를 사실상 발탁하거나 지명하는 방식이다. '전략 공천'이라고도 불린다. 신속한 의사결정이 가능하지만 불공정 시비와 폐쇄적 운영으로 논란이 끊이지 않는다. 각종 공천과정에서의 뒷돈이나 논란이 발생하는 것 역시 하향식 공천의 대표적 폐단이다.

반면 당원들과 국민들의 투표나 여론조사로 결정하는 상향식 공천, 즉 경선제도는 민주적이고 투명한 방법으로 불린다. 다만 이 역시 과열 경쟁이 불가피해 내전 양상으로 흘러갈 경우 본선도 전에 더 큰 타격이 발생하기도 하며 비용 부담도 훨씬 크다.

대한민국에선 과거 권위주의 정권과 카리스마형 리더십이 중심이 된 정당 문화 탓에 주로 전략 공천, 단수 공천 방식이 이루어졌다.

상향식 공천과 하향식 공천

구분	상향식 공천	하향식 공천
결정 주체	당원 및 국민	당 지도부
장점	민주적이고 선발 절차가 투명함	신속한 의사결정 가능
단점	과열 경쟁 가능, 비용 증가	불공정 시비, 폐쇄적 운영
대표적 사례	미국 정당의 경선 방식	과거 한국 정당의 전략 공천

소위 '공천 학살', '공천 파동'과 같은 당내 계파 간 갈등이 자주 표면화되기도 했다. 하지만 2000년대 들어 정당 민주주의의 강화로 인해 상향식 공천인 경선제도가 빠르게 자리 잡았다. 최근엔 일부 지역구에 대한 전략적 공천과 경선제도가 결합한 혼합형 공천제도가 보편화됐다.

20명으로 만드는 권력, 교섭단체의 힘

앞서 국민의힘 이준석 초대 당대표의 당선으로 헌정사 첫 30대 '교섭단체' 정당 당대표가 됐다고 했다. 그렇다면 교섭단체交涉團體는 무엇일까? 교섭단체는 국회의 원활한 의사 진행을 위해 일정 수 이상의 국회의원으로 구성된 의원 집단이다. 국회법에 따르면 대한민국 국회에서 20인 이상의 소속의원을 가진 정당은 하나의 교섭단체가 된다.

또한 다른 교섭단체에 속하지 않는 20인 이상의 의원으로 따로 교섭단체를 구성할 수 있다. 15석을 가진 A당과 5석을 가진 B당이 있다면 합쳐 20석의 교섭단체를 꾸릴 수 있다. 18석을 가진 정당 C는 2명의 무소속 의원과 함께 교섭단체를 구성해도 된다. 보통은 정당 단위로 구성되지만 당적의 보유 여부가 교섭단체 구성의 조건은 아니다. 실제로 제20대 국회에서는 14석의 민주평화당과 6석의 정의당이 연대해 '평화와 정의의 의원 모임'이란 교섭단체를 구성했다. 같은 제20대 국회에서 바른미래당 8명, 대안신당 7명, 민주평화당 4명, 무소속 1명 등 20명으로 구성된 '민주통합의원모임'이란 교섭단체가 출범하기도 했다.

제22대 국회의 교섭단체는 20석 넘는 의석을 확보한 더불어민주당과 국민의힘이 있다. 교섭단체에겐 국회 운영 전반을 이끌어나갈 여러 혜택이 주어진다. 대표적으로 정당 국고보조금 지급에서 교섭단체는 비교섭단체보다 더 많은 금액을 배정받는다. 정당보조금은 분기별로 1번, 1년에 총 4번 지급되는데 정당 운영에 필요한 경상보조금의 경우 총액의 50%를 국회 교섭단체를 구성한 정당에 먼저 균등 배분한다.

교섭단체는 국회 운영 과정에서 회의 진행 순서, 법안 심사 일정 등 의사 일정을 협의할 수 있는 권한이 있다. 또한 의사 일정 조정, 국무위원 출석요구, 긴급현안 질문, 의원 징계, 본회의나 위원회에서 발언 시간과 발언자 수 조정, 상임위원회나 특별위원회에서 위원장과 위원 선임 협의 등을 할 수 있다.

또한 교섭단체는 법안 소관 상임위원회와 법제사법위원회를 통과한 법안의 국회 본회의 상정 날짜를 결정한 권한을 갖고 있다. 결국 입법안이 최종적으로 통과되기 위해서는 교섭단체의 동의가 필수적이다.

정당을 이끄는 쌍두마차, 당대표와 원내대표

정당에는 대표라는 직책을 달 수 있는 사람이 2명 존재한다. 바로 정당 전체를 대표하는 최고 지도자인 '당대표'와 국회 안에서 정당을 대표해 원내 업무를 총괄하고 각종 교섭 역할을 하는 '원내대표'가 그 주인공이다.

무심코 정치를 스쳐가듯 보면 한 정당에 대표가 2명 있는 것으로 착각할 수 있지만 당대표와 원내대표는 그 역할과 선출방식, 권한 등이 완전히 다르다. 당대표는 정당을 대표하는 총책임자로서 당의 정책 방향과 조직 운영, 그리고 대외적 협상 등을 총괄한다. 무엇보다 당을 이끌며 주요 선거에서 전략을 세우고 후보 공천에 대한 책임을 지는 것은 누가 뭐래도 당대표다.

당대표와 원내대표는 왜 싸우는 걸까?

한편 당대표는 국회의원이 아니어도 무방하다. 앞서 이준석 대표가 그랬고 2024년 하반기 5개월가량 국민의힘을 이끌었던 한동훈 대표 역시 국회의원 당선은 고사하고 내세울만한 정치 경력조차 없던 사실상 정치신인이다. 당원들의 신뢰를 얻을 수 있고 당을 이끌 리더십만 갖췄다면 국회의원이 아니어도 충분히 당대표를 맡을 수 있다는 의미다.

반면 원내대표는 국회 내에서 정당을 대표하는 지도자를 뜻한다. 교섭단체를 구성한 정당의 원내대표는 국회 내 교섭단체 및 국회의장과 함께 현안과 각종 법안에 대한 논의를 주도한다. 또 당 소속 의원들을 아우르고 소통하며 국회 내부에서의 당의 전략을 수립한다. 당대표와 달리 국회의원이 아닌 자는 당연히 원내대표가 될 자격이 없다. 또한 국회 안에서 당을 대표하는 만큼 당원 투표가 아닌 소속당 의원들의 투표로 선출한다. 통상 당대표와 원내대표를 정당을 이끄는 쌍두마차로 부른다.

같은 당 소속인 당대표와 원내대표는 각자 맡은 임무와 역할이 다름에도 불구하고 부딪치기도 한다. 반대로 당대표와 원내대표가 서로 호흡을 잘 맞춰 가면 큰 시너지가 난다. 당의 주요 입법과제나 정책 추진에 있어 당대표가 여론적인 공감대를 얻어내면서 외부적으로 분위기를 띄워주고, 원내대표가 이에 맞춰 적절한 속도와 페이스로 원내 절차를 밟아나간다면 좋은 성과를 도출할 수 있다.

당대표와 원내대표의 차이점

구분	당대표	원내대표
역할	정당 전체를 대표	국회 내 정당을 대표
책임 영역	당의 정책, 운영, 선거 전략	국회에서 법안, 예산안 협상
선출 방식	전당대회(당원·대의원 투표)	소속 국회의원들의 투표
임기	당규에 따라 다름(보통 2~4년)	보통 1~2년
공천 권한	있음(공천 과정 주도)	없음
국회의원 여부	필수 아님(원외 인사도 가능)	반드시 국회의원
협상 대상	대통령, 정부, 타 정당 지도부	국회의장, 다른 원내대표

당대표와 원내대표면 충분할 줄 알았는데 또 한명의 리더가 있다. 바로 비상대책위원장이다. 소위 '비대위'라고 줄여 말하는 비상대책위원회를 이끄는 인물이 바로 비상대책위원장이다. 이 역시 비대위원장이라고 줄여 말한다. 말 그대로 비상상황 시 임시적으로 구성되는 조직인 비대위는 선거 참패나 각종 사건 사고로 당대표 자리가 공석일 경우에 들어서는 임시 지도부다.

즉, 임시 당대표 역할을 수행하는 자리가 바로 비대위원장이다. 현재의 비상상황을 해결하기 위해 잠깐 맡는 자리인 만큼 임기는 주로 몇 개월 단위로 짧지만, 김종인 국민의힘 비대위는 출범 후 약 10개월간 활동하기도 했다. 사실 당대표야말로 임기가 있음에도 불구하고 정치적 책임을 지는 자리라는 이유로 임기를 다 채우는 것이 생각보다 쉽지 않다. 비대위원장은 전당대회를 거쳐서 뽑지 않고 사실상 추대 형식으로 임명되는 만큼 당 지도부의 최고위원과 유사한 성격을 가진 비상대책위원 역시 비대위원장의 지명으로 임명되는 것이 보통이다.

당대표와 대통령의 호흡

당의 간판이자 얼굴인 당대표는 당원들의 총의를 모아 뽑은 만큼 그에 걸맞은 책임이 주어진다. 이상적인 관점에서 집권여당의 대표는 대통령과 환상의 호흡을 자랑하며 정권 재창출의 선봉장에 서야 한다. 대통령과 여당의 지지율은 동기화되는 경향성이 짙고, 대통령의 인기가 높아져야 여당으로서도 정권 재창출의 기회를 잡을 수 있기 때문이다. 또 차기 대선을 앞두고 있다면 집권여당의 대표는 유력한 차기 대선 후보 중 한 명일 가능성이 높은 만큼 대통령과의 관계는 상호 보완적이어야 한다.

하지만 이론적으로 가까워야 할 대통령과 집권당 대표의 갈등은 너무나 흔한 레퍼토리다. 정권재창출이 목표인 현직 당대표 입장에선 오히려 기존 정부의 약점이나 단점을 부각시켜 이를 역이용하는 차별화 전략을 세울 수 있기 때문이다. 실제로 이명박 대통령은 당시 박근혜 한나라당 대표와의 관계가 썩 좋지 않아 엇박자를 내기도 했다. 이 대통령과 박 대표는 직전 대통령 경선에서부터 치열한 내부 경쟁을 거쳤고, 계파 갈등까지 붉어지며 부딪치는 경우가 많았다.

반대로 야당의 대표 입장에선 대통령과의 관계 설정에 따른 결과가 예측불허인 만큼 방향성을 잡기가 쉽지 않다. 야당대표와 대통령과의 관계가 원만할 경우 양측이 협력적인 관계를 이어가며 정책 결정과정에도 상당한 시너지를 낼 수 있다. 하지만 대다수의 경우 야당은 대통령 및 집권여당과 대립각을 세우며 차별화 전략을 취하며 지지층 결집을 유도할 수밖에 없다.

강한 야당 지도자의 이미지는 정권의 견제자로서 야당 역할을 제대로 수행하고 있다는 인식을 주기 쉽고 이를 통해 야당을 결집할 수 있다. 다만 과도한 견제와 비판은 자칫 정부 발목잡기 이미지로 인식될 수 있기 때문에 야당 대표의 입장에선 그 경계선을 잘 지키는 것이 여간 어려운 일이 아닐 수 없다.

정당의 3대 권력, 당 사무총장

정당의 주요 요직인 사무총장과 정책위의장의 역할도 중요하다. 당 사무총장은 당대표, 원내대표와 더불어 정당의 3대 권력이라고 불릴 정도로 막강한 영향력을 갖고 있는 요직이다. 선출직 최고위원보다도 실질적 권한이 더 크다고 알려진 사무총장은 당의 안방살림을 책임지는 역할을 한다. 당 사무총장은 조직, 재정, 운영 전반을 실무적으로 총괄한다. 당대표가 정책 방향과 전략을 거시적으로 짜면 사무총장은 미시적으로 당 전반을 운영한다.

조직관리가 무엇보다 중요한 정당 특성상 중앙당과 지역당 조직을 운영하고 관리하는 사무총장의 역량도 중요하다. 또한 각종 임명과 인사관리의 전권이 사무총장에게 있는 만큼 당의 조직 개편과 운영에 있어 그 영향력이 막강하다. 특히 각종 전국선거에서 공천을 비롯한 구체적인 선거 전략을 수립하고 영향력을 크게 행사할 수 있다는 점 역시 사무총장이 가진 힘을 보여주는 사례다. 또한 당대표와 원내대표 간 이견이 있을 때 오히려 사무총장이 이러한 당내 주요 현안을 조율하고 갈등을 중재하는 역할을 할 수 있다.

이와 별개로 원내대표를 도와 당의 정책을 기획·수립하고 이를 조정하는 역할을 하는 정책위원회의장도 당내에서 핵심 인물이다. 정책위원회는 정당의 당헌과 당규상 이념에 맞는 정책을 기획개발하고, 정책위원회의장은 정당의 정책을 총괄하고 조정하는 업무를 주로 한다. 여야 간 쟁점 사안이나 정책적 다툼이 있을 경우 원내대표와 정책위의장이 함께 모여 얽혀버린 실타래를 풀어주기도 한다.

여야 양당의 원내대표와 정책위의장, 원내수석부대표가 한데 모여 여러 현안을 풀어나가는 경우 이를 '3+3 회동'이라고 부르기도 한다. 정책위의장이야말로 원내대표와의 화합이 무엇보다 중요한 만큼 아예 원내대표 선거 때 정책위의장 러닝메이트를 두고 경선을 치루기도 한다.

행정부와 사법부 그리고 균형

05

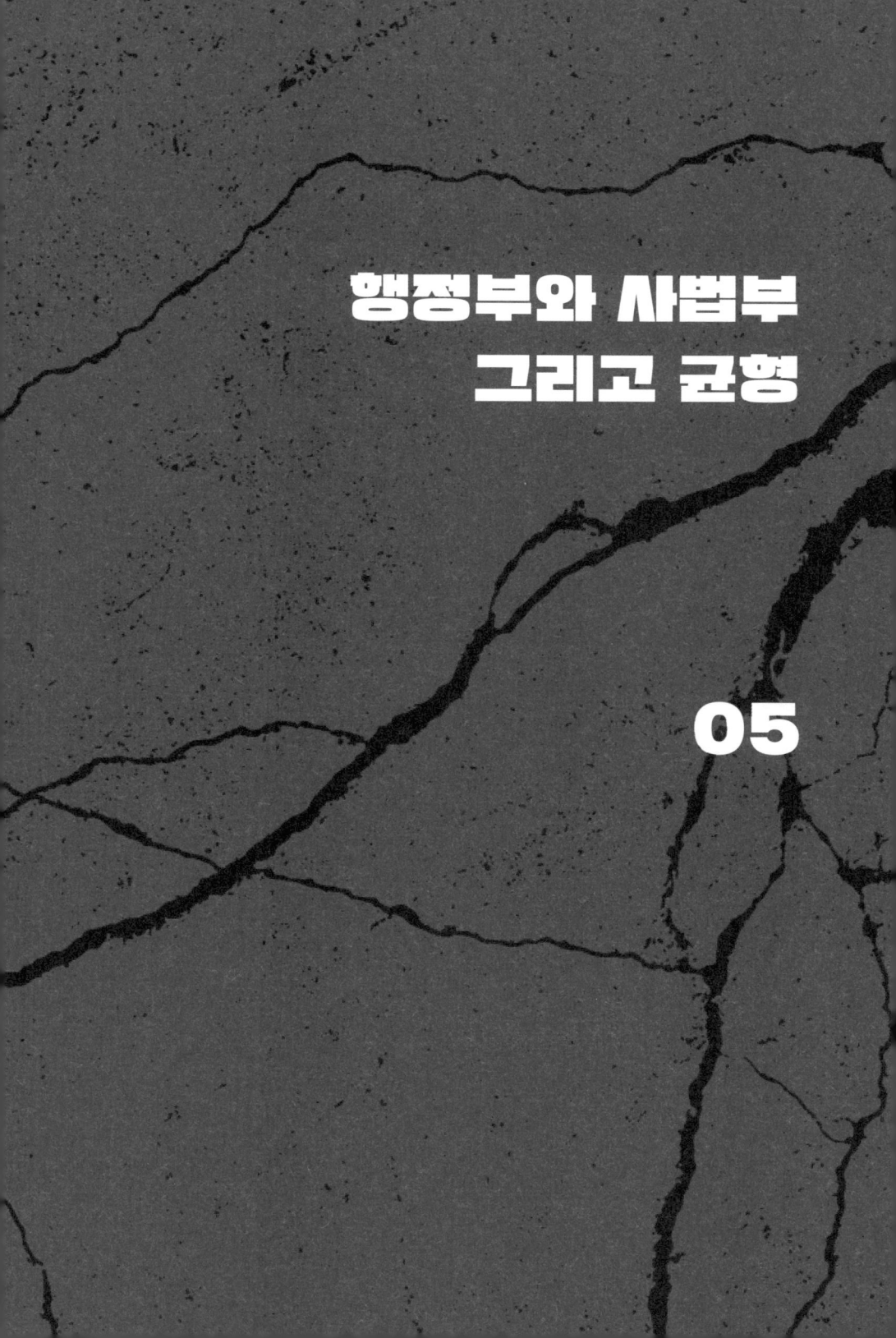

총리제와 대통령제의 어색한 동거

대한민국 대통령은 국가원수이자 행정부의 수반이다. 헌법에 따르면 대통령은 국가원수로서 대한민국을 대표하며, 외국과의 조약 체결 및 비준, 대사 파견 등을 할 수 있다. 행정부의 수반으로서 헌법과 법률이 정하는 바에 따라 행정권을 행사하고 국무총리 및 국무위원을 임명하고, 국무회의를 주재한다. 사면권(특별사면, 일반사면) 역시 대통령만 갖고 있는 고유 권한이다.

또 대한민국 대통령은 헌법 제74조에 따라 국군 통수권자로서 군을 지휘·통솔한다. 국회의 동의를 받으면 전쟁을 선포하거나 평화협정을 체결할 수 있다. 헌법 수호자로서 헌법을 준수하고 국민의 기본권을 보장할 의무가 있으며, 국가 비상사태 시 긴급명령을 내릴 수 있다. 대통령은 대통령제의 핵심으로서 정치·경제·외교·국방 등 전반적인 국정 운영을 총괄한다.

대통령제를 택한 대한민국은 당연히 대통령에게 많은 권한을 부여한다. 우선 국무총리 및 국무위원, 행정 각부의 장, 감사원장, 검찰총장, 대법원장, 헌법재판소장 등 주요 공직자의 최종 임명권자는 대통령이다. 또한 국회의 법률안에 대해 재의를 요구하는 대통령 거부권을 갖고 있으며 법률 공포권을 대통령이 가진다. 다만 대통령의 행정권은 헌법과 법률에 의해 제한되며, 입법부(국회)·사법부와의 견제와 균형 원칙 하에서 행사된다. 막강한 권력을 부여하는 대신 입법부와 사법부에 의한 견제로 힘을 조절하는 것이다.

제헌 국회에서 비롯된 독특한 정치체제

대통령제의 국회와 의원내각제 의회의 성격은 상당 부분 다를 수밖에 없다. 일본이 채택한 의원내각제의 내각은 행정부의 중앙 의결기구로 내각의 책임자인 수상 또는 총리와 각료나 장관들로 구성된다. 내각은 대통령제의 국무회의와 같은 역할을 한다. 대한민국 행정부의 1인자가 대통령이라면 2인자는 누가 뭐래도 국무총리다. 대한민국 대통령의 제1보좌기관인 총리는 대통령의 명을 받아 행정부 운영에 중요한 권한과 책임을 갖는다.

총리가 의원내각제의 정부수반을 가리킨다는 점을 생각해봤을 때, 대통령제와 총리제의 조합은 다소 엉뚱하다. 대통령제의 대표국가인 미국만 해도 대통령에 이어 부통령을 두고 있을 뿐 총리를 두지 않는다. 우리나라만의 독특한 정치체제가 생긴 것은 의원내각제와 대통령제 사이에서 갈팡질팡하던 제헌 국회 상황의 탓이다.

1948년 5월 10일에 치러진 5·10총선거는 대한민국 최초의 국회의원 선거이자 국민들이 직접 투표에 참여한 첫 선거다. 총 200명의 국회의원을 뽑았고 비례대표는 뽑지 않았다. 이른바 '제헌 국회'다. 제헌 국회는 헌법에 따라 대통령을 뽑을 수 있는 권한을 가졌다.

제헌 국회의 국회의원들은 1948년 7월 20일 대한독립촉성국민회 소속 이승만 대통령과 이시영 부통령을 뽑았다. 최초의 대통령선거였다. 국민에 의한 직접 투표가 아닌 국회의원들에 의한 간접투표로 대통령을 뽑은 셈이다. 국회의원과 대통령이 선출된 가운데 8월 15일 대한민국 정부가 수립됐고, 광복 3년 만에 제1공화국이 시작됐다.

이후 제2공화국에서 대통령제를 폐지하고 의원내각제를 전격적으로 도입하며 정치체제의 변화를 시도했지만, 5·16군사정변으로 인해 제대로 운영되지 못한 채 막을 내렸다. 그 결과 다시 대통령제로 회귀했고 급변한 정치사로 인해서 대통령제와 총리제의 어색한 동거가 시작된 것이다. 이후 제2공화국에서 도입한 국무총리는 현재까지 존속하며 그 기능을 이어오고 있다.

오늘날 국무총리는 부서 간 정책을 조정하고 관할해 대통령의 업무 부담을 줄여주는 역할을 한다. 대통령을 보좌해 행정에 관해 대통령의 명을 받아 각 중앙행정기관의 장을 지휘·감독한다. 국무위원과 중앙행정기관장에 대한 임명제청권과 해임건의권도 국무총리에게 있다. 대통령이 강력한 행정권을 가지지만 각 부처의 장관(국무위원)

들이 독립적으로 정책을 추진하는 데 가교 역할을 하는 것이다.

무엇보다 대통령이 사망, 사임, 또는 탄핵 등으로 유고할 때 권력 승계 1순위가 바로 국무총리다. 대통령이 일시적으로 직무를 수행할 수 없을 경우에는 국무총리가 권한을 대행한 뒤 대통령이 복귀하면 된다. 하지만 대통령이 사망 또는 사임하거나 탄핵심판으로 복귀가 불가능할 경우 국무총리가 대통령 권한을 대행하되 60일 이내에 대통령선거를 실시해야 한다. 대통령 궐위 시 승계 순서는 헌법과 정부조직법에 정해져 있으며 그에 따라 기획재정부장관 겸 부총리, 교육부장관, 과학기술정보통신부장관, 외교부장관, 통일부장관, 법무부장관 순으로 이어진다.

대한민국 국무총리의 실권에 대해선 다소 논쟁의 여지가 있지만 대통령제의 한계에 갇혀 있다는 게 일반적인 분석이다. 대통령제에서 대통령은 최종 인사권자로서 국무총리에 대한 해임권까지 가지고 있어 실질적으로 국무총리 고유 권한은 제한될 수밖에 없다. 특히 대통령제의 총리라는 대한민국만의 특이한 정체 탓에 독자적인 정책 집행 권한보다 국회로부터의 공격을 막아주고 소모되는 역할이란 인식이 크다.

다만 김대중 정부 시절 김종필 국무총리는 안정적인 국정연합을 위한 DJP(김대중+김종필) 연합의 산물로 실질적인 인사권한과 행정업무의 독립성을 크게 인정받은 바 있다. 그러나 결국 개헌을 통해 국무총리의 역할을 조절하거나 아예 폐지하는 등 과감한 개선이 필요하다는 지적에서는 자유로울 수 없다.

대통령의 임기 변천

현재 대한민국 대통령은 5년 단임제다. 제1공화국 헌법 하에서는 4년 임기로, 1회 연임이 가능했다. 하지만 이승만 초대 대통령은 3선 연임을 하는 개헌을 추진하다 결국 자진 하야하는 불행한 역사의 주인공이 됐다. 이후 군부 독재가 오랜 기간 이어진 뒤 1987년 제6공화국 개헌으로 지금의 5년 단임제가 정착했다. 단임제는 과거 장기 집권 역사에 대한 반작용으로, 권력 독점을 막기 위한 제도다.

다만 현재 정치권 안팎에서는 대통령제를 4년 중임제로 개헌해야 한다는 목소리가 커지고 있다. 우선 5년이란 시간이 장기 정책을 추진하기에 짧다는 것이다. 특히 교육 개혁, 연금 개혁, 대북 전략 등 중·장기적인 접근이 필요한 정책에서 단임제는 잦은 변화와 혼란을 가져올 수 있다. 최대 3선까지 가능한 지방자치단체장의 경우 최대 12년간 직을 맡을 수 있어 정책적으로 더 나은 성과를 낼 수 있는 구조다. 미국 역시 4년 중임제로 최대 8년간 집권할 수 있다.

또 5년 단임제의 경우 임기 절반인 2~3년 차를 넘어서면서 임기 말 권력 누수, 즉 레임덕 위험에 빠지게 된다. 이럴 경우 사실상 4~5년 차 임기는 권력 누수와의 싸움, 또는 정권 재창출을 위한 정쟁이 빈번히 일어나고 정책은 뒷전이 되기 십상이다. 어차피 연임도 안 되는 만큼 차기 대선 후보들은 여야 할 것 없이 현 정권과의 차별화를 꾀하고 이로 인해 현 정권의 힘은 급격히 빠진다. 공무원들 역시 차기 정권을 누가 잡는지 눈치를 살피며 업무에 소극적일 수밖에 없다.

현재 4년 임기로 시행 중인 국회의원선거와 대통령선거의 시기를 맞춰 정권의 안정적 운영에 힘을 실어주자는 의견도 있다. 동시선거가 이뤄진다면 대통령선거와 국회의원선거 결과의 방향성이 일치할 확률이 높고, 대통령이 의회와 협력하기가 수월해지기 때문이다. 현행 제도에서는 대통령 임기 중 한 차례의 국회의원 선거가 중간선거 형태로 치러지기 때문에, 여소야대 정국이 형성될 가능성이 언제나 있다. 다만 개헌하려면 국회의원 3분의 2 이상의 찬성이 필요하고 국민투표 과반의 찬성을 얻어야 하는 만큼 그 과정이 쉽지는 않다.

세계 각국의 다양한 정치형태

전 세계적으로 약 100개국의 나라가 대통령제를 채택하고 있다. 전체 국가의 절반가량이 대통령제를 채택한 셈이다. 특히 아프리카, 아메리카 대륙 전반적으로 대통령제인 국가가 많다. 아시아에선 한국, 인도네시아, 필리핀 등 미국의 영향을 받은 국가들을 중심으로 대통령제가 시행 중이다. 유럽은 의원내각제를 주로 채택하고 있으며, 일본도 의원내각제를 도입했다.

현대국가에선 국가원수인 대통령을 두고 정부수반인 총리를 두는 '의회공화제'의 형태의 의원내각제를 채택한 국가도 제법 있다. 의회공화제의 대통령은 대통령제의 대통령과 달리 사실상 상징적 지위만 인정받고 힘이 제한적이란 점에서 입헌군주제의 군주와 그 역할이 비슷하다. 독일을 비롯해 북유럽, 동유럽 국가들과 인도 등이 의회공화제를 채택하고 있다. 우리나라는 앞서 설명했듯이 국회의장

출신으로 초대 대통령이 된 이승만이 취지와 달리 대통령중심제로 힘을 실으면서 일반적인 의회공화제 국가와는 다소 다르게 발전한 면이 있다.

대통령제와 의원내각제를 절충한 '이원집정부제'라는 정부형태도 존재한다. 프랑스가 이원집정부제를 도입한 대표적 국가다. 행정부 수반의 권한을 대통령과 총리가 나누어 가지는 것이 핵심이다. 실질적 권한을 대통령이 갖는 대통령제와, 총리가 갖는 의원내각제와 달리 대통령과 총리가 권력을 양분하는 것이다. 분권형 대통령중심제 또는 제약된 의원내각제라고 불린다.

이원집정부에서는 보통 국민이 직접 선출한 대통령이 국가원수로서 외교, 국방 등의 분야에 대한 강한 권한을 갖는다. 총리는 의회 다수당이 추천하고 내각을 이끌며 내치에 집중한다. 이원집정부제는 대통령의 안정적 국가운영과 의회와의 협력을 균형감 있게 결합한다는 것이 장점이다. 다만 대통령과 총리가 권한 충돌이 발생할 경우 정국이 상당히 불안해질 수 있다. 이를 동거정부라 부른다.

대통령보다 힘이 센 총리, 의원내각제의 모든 것

의원내각제는 의회의 다수 의석 정당 또는 연합정당이 행정부의 구성권을 가지는 의회 중심의 정치시스템이다. 대통령이 모든 것을 책임지는 대통령제와 더불어 현대 민주주의 대표적 정부형태다. 의원내각제라는 표현 자체는 일본의 의원내각제가 한국으로 들어오며 그대로 사용되고 있지만, 영국의 원어를 통해 번역하면 '의회제'가 정확한 명칭이다. 영어로 내각은 보관 상자나 다락방을 뜻하는 '캐비넷Cabinet'이다. 이는 초기 내각이 따로 정해진 집무 공간 없이 왕궁의 옷을 갈아입거나 짐을 보관하는 작은 공간, 즉 캐비넷에서 임시로 회의를 진행했기 때문에 붙여진 이름이다.

의원내각제에서는 의회의 집권당이 내각을 구성할 수 있는 권한을 가진다. 그 내각이 국민의 신뢰를 잃거나 무능하다고 판단될 경우 의회가 해당 내각을 불신임 의결해 해산할 수 있다. 이렇게 의회가 내각의 존폐에 대한 결정권을 갖고 이에 대해 책임진다는 의미로 내각책임제라고 부르기도 한다.

의원내각제는 영국에서 처음 시작됐다. 독일 하노버를 통치하는 선제후였던 조지 1세가 자식 없이 사망한 영국 앤 여왕의 후임으로 영국 국왕에 오른다. 50대에 왕위에 오른 조지 1세는 독일 출신이라 영어를 할 줄 몰랐고 프랑스어로 겨우 소통하는 처지였다.

어쩔 수 없이 왕위에 오른 조지 1세는 정치에 관심이 없었고 하필 당시 영국에서 '남해회사 거품South Sea Bubble' 사건이 터지자 혼란이 더욱 커졌다. 이는 대형 주식 투기 사건으로, 남해회사의 주가가 크게 오를 것이라고 생각한 수많은 사람이 투자에 뛰어들었지만 주가가 폭락하면서 발생한 것이다. 사태가 심각해지자 조지 1세는 당시 재무장관이던 재정 전문가 로버트 월폴Robert Walpole에게 문제 수습을 부탁했다. 그가 원활하게 문제를 잘 해결하자 조지 1세는 1721년 아예

출처: 에르미타시 미술관

영국 최초의 의원내각제 수상 로버트 월폴

월폴에게 실질적인 행정권을 넘겨주게 된다.

월폴은 당시 의회에서 다수당이었던 휘그당의 당수이자 내각을 이끄는 수상의 자격으로 1942년까지 21년간 국정 전반을 이끈다. 이로서 로버트 월폴은 역사상 최초의 의원내각제 수상으로 기록된다. 또 조지 1세 역시 영국 역사 최초로 실질적인 권력행사를 하지 않는

국체와 정체의 다양한 형태

<table>
<tr><th>국체</th><th colspan="2">정부형태</th><th>국가원수</th><th>정부수반</th></tr>
<tr><td rowspan="3">공화제</td><td colspan="2">대통령제</td><td colspan="2">대통령</td></tr>
<tr><td colspan="2">이원집정부제</td><td>대통령</td><td>대통령과 총리</td></tr>
<tr><td rowspan="2">의원내각제</td><td>의회공화제</td><td>대통령</td><td>총리</td></tr>
<tr><td rowspan="3">군주제</td><td>입헌군주제</td><td>군주</td><td>총리</td></tr>
<tr><td colspan="2">근대군주제</td><td>군주</td><td>군주와 총리</td></tr>
<tr><td colspan="2">전제군주제</td><td colspan="2">군주</td></tr>
</table>

명목상의 군주가 된 왕으로 역사에 남았다. 이렇게 유례없던 의원내각제는 군주를 국가원수로 두는 '군주제'와 민주적 절차로 구성된 의회를 중심으로 선출된 수상(총리)을 정부수반으로 하는 '공화제'를 접목시킨 입헌군주제 형태로 탄생했다.

의원내각제의 원조인 영국은 국민들이 직접 선출해 실질적 입법 권한을 가진 하원과 귀족, 성직자 등을 포함하는 상원으로 구성된 양원제 의회를 운영한다. 또 국왕을 명목상 국가원수로, 실질적 행정수반을 수상으로 하는 입헌군주제를 정치체제로 채택했다.

만약 하원이 내각에 대한 불신임 결의를 통과시키면 총리는 내각과 함께 사퇴하거나 의회를 해산하고 총선을 실시해야 한다. 실제로 2022년 9월 총리에 취임했던 리즈 트러스Liz Truss 총리는 불과 45일 만인 10월 20일 퇴진을 선언하며 최단명 총리로서 이름을 남겼다.

대통령제가 대통령에게 행정부 내각 구성 권한을 부여하는 것과 달리, 의원내각제에서는 선거에서 승리한 다수당이 총리와 내각을 구성할 권한을 갖는다. 따라서 총선 과정에서 주요 공약과 함께 내각 구성 계획을 공개하는 것이 일반적이다. 이를 그림자 내각Shadow Cabinet이라 부른다. 그리고 선거를 이겨 집권에 성공할 경우 기존 계획대로 내각을 구성하는 게 원칙이다. 물론 의원내각제가 대륙별, 지역별, 국가별로 상이하게 구성되고 운영되기 때문에 구체적인 지명 방식, 구성 절차는 모두 다르다.

미국, 중국, 일본, 유럽의 다채로운 정부형태들

대한민국은 제2공화국을 제외하면 대부분의 기간 동안 대통령제를 채택해왔다. 우리나라가 본보기로 삼은 대통령제 모델은 바로 미국에서 시작된 것이다. 미국은 1787년 헌법을 제정하면서 국민 주권에 기반한 새로운 체계를 설계했고, 이를 통해 대통령제라는 독자적인 정부형태를 탄생시켰다.

미국 대통령제의 가장 큰 특징은 입법부와 행정부의 명확한 권력분립이다. 이는 기존의 의원내각제와 뚜렷이 구분되는 점이다. 의원내각제가 입법부와 행정부 간의 밀접한 연계를 특징으로 한다면, 대통령제는 양자의 기능과 권한을 철저히 분리해 상호 견제와 균형을 이루는 구조다. 대통령제에서는 의회가 행정부에 대해 불신임권을 가지지 않는 만큼, 대통령도 의회를 해산할 수 있는 권한이 없다.

물론 예외적으로 대한민국 제4공화국과 제5공화국 시기에는 대통

구분	대한민국 대통령제	미국 대통령제
정부형태	대통령 중심의 단일정부	대통령 중심의 연방정부
대통령 선출 방식	국민의 직접 선거로 단일 선출	국민이 주 단위 간접 선거 (선거인단제도)로 선출
행정명령의 효력	법률보다 하위, 법률 범위 내에서만 가능	헌법상 권한, 법률과 거의 동등한 위상 (단, 연방 법·헌법 내에서만 유효)
입법부와의 관계	갈등이 발생 시 국회 해산 불가, 여소야대 시 정책 추진 어려움	삼권분립 철저, 대통령과 의회는 상호 견제 관계
법률안 제출권	대통령에게도 있음	없음(의회만 가능)
정부 조직 형태	단일 국가, 중앙정부 중심	연방제, 주정부 권한이 강함
정당 정치	대통령과 국회의원선거가 시기적으로 분리됨(갈등 가능성 ↑)	대통령과 의회의 정당이 다를 경우 빈번한 갈등 발생

령에게 국회해산권이 부여된 바 있다. 그러나 이는 민주주의 원칙에 어긋나는 비민주적인 권한으로 해석된다.

대통령제의 본고장, 미국의 대통령제

미국은 50개 주State로 구성된 연방국가의 형태를 띠고 있으며, 이러한 특성을 반영해 대통령은 헌법과 의회의 동의를 바탕으로 행정부의 수반이자 국가원수로서 역할을 수행한다. 대통령은 외교권과 군 통수권을 보유하고 있으며, 헌법과 연방법의 범위 내에서 행정명령을 통해 행정권을 행사할 수 있다.

대한민국 대통령이 법률안을 제출할 수 있는 권한을 가지는 반면, 미국 대통령은 직접 법안을 제출할 수는 없다. 대신 행정명령을 통해 정부 정책을 추진할 수 있으며, 의회를 통과한 법안에 대해 거부권을 행사할 수 있다. 또한 내각 장관, 연방 판사 등 주요 인사에 대한 임명권도 대통령에게 주어진다.

대통령 임기와 선출 방식에서도 미국과 우리나라는 차이를 보인다. 미국 대통령은 헌법에 따라 4년 임기의 중임제로 정해져 있다. 미국 건국의 아버지이자 첫 대통령인 조지 워싱턴은 사실상 종신 집권도 가능했지만, 민주주의 원칙과 대통령제의 정착을 위해 자진해서 8년간 재임한 뒤 권좌에서 물러났다. 이로 인해 중임까지만 허용하는 전통이 형성됐다. 하지만 이후 제2차 세계대전 당시 프랭클린 루즈벨트 대통령이 전쟁 등을 이유로 4선까지 재임하자, 이를 계기로 헌법에 4년 중임제를 명문화했다.

미국은 대통령을 국민이 직접 뽑는 직선 방식이 아니라, 간접선거 방식을 채택하고 있다. 미국만의 독특한 제도인 '선거인단제도'는 유권자들이 먼저 각 주의 선거인단을 선출하고, 이 선거인단이 최종적으로 대통령을 선출하는 방식이다. 미국 전체 선거인단 수는 538명으로, 상원의원 수 100명과 하원의원 수 435명을 기준으로 각 주에 배정하며, 여기에 수도 워싱턴 D.C.에 별도로 3명을 추가해 구성된다. 선거인단은 미리 각 정당을 지지하는 사람들 가운데 선출된다.

이 제도의 가장 큰 특징은 '승자독식'이다. 각 주에서 한 표라도 더 많이 득표한 후보가 해당 주에 배정된 모든 선거인단 표를 가져간다. 예를 들어, 상원의원 2명과 하원의원 52명을 보유한 캘리포니아주에 배정된 선거인단 수는 총 54명이다. 만약 캘리포니아 주민들의 투표 결과 민주당이든 공화당이든 어느 한 쪽이 단 1표라도 더 많이 받았다면, 승리한 정당이 54명의 선거인단을 모두 차지하는 것이다.

2024년 대선에서 캘리포니아주의 투표 결과를 보면, 민주당의 카멀라 해리스Kamala Harris 후보가 927만 표를, 공화당의 도널드 트럼프 후보가 608만 표를 얻었다. 이 결과, 해리스 후보가 캘리포니아의 54명 선거인단을 전부 확보하게 되었다. 다만, 메인주와 네브래스카주는 예외적으로 승자독식이 아닌, 지역별 득표율에 따라 선거인단을 분할하는 방식을 채택하고 있다.

이런 방식으로 전체 선거인단 538표의 과반수인 270표 이상을 얻으면 당선된다. 실제 도널드 트럼프 대통령은 2024년 대선에서 총 312명(58%)의 선거인단을 확보해 226명(42%)에 그친 해리스 후보를 꺾고 재선에 성공했다. 다만 전국 선거인단 투표에선 7,730만 표(49.8%)로 7,502만 표(48.3%)를 얻은 해리스 후보보다 1.5%p가량 앞서는데 그쳤다. 승자독식제도의 힘이었다.

미국 의회는 대한민국과는 구별되는 독특한 양원제 형태를 취하고 있다. 영국, 일본 등 의원내각제 국가에서 주로 채택하는 양원제를 미국도 도입하고 있지만, 구성 방식은 다르다. 영국 등의 양원제가 주로 신분에 따라 상원과 하원을 구별하는 반면, 미국의 양원제는 '국민대표'인 하원과 '주 대표'인 상원으로 구성된다. 이는 50개 주로 이루어진 연방국가인 미국의 특성을 반영한 제도다.

일반적으로 양원제를 채택한 나라에서는 상원이 명예직이나 상류층 중심으로 구성되어 하원보다 권한이 약한 경우가 많지만, 미국에서는 오히려 상원의 권한이 매우 강력하다. 미국 상원은 각 주 정부와 주 의회를 대표하는 기관으로, 군사 파병, 공직자 임명 인준, 외국과의 조약 승인, 계엄령 선포 등 국가 전체의 중대한 사안에 대한 권한을 갖고 있다. 상원의장은 미국 부통령이 겸임하며, 표결에서 가부 동수일 경우 캐스팅보트를 행사할 수 있다. 상원의 임기는 6년이며 각 주에서 2명씩, 총 100명을 선출한다. 2년마다 전체 의원의 3분의 1씩 교체된다. 이는 의회의 안정적인 운영을 위한 장치다.

하원은 인구 비례를 원칙으로 총 435명의 의원을 선출한다. 국민을 대표하는 하원은 1789년 처음 설립될 당시 59석에 불과했지만, 인구 증가에 따라 현재는 총 435석으로 늘어났다. 10년마다 실시하는 인구조사 결과를 바탕으로 주별 하원의원 수가 조정되며, 인구가 가장 많은 캘리포니아주는 2025년 기준 52명의 하원의원을 보유하고 있다.

하원은 상원과 함께 법률 제정 권한을 가진다. 예산 및 세출 통제, 상임위원회를 통한 조사 및 청문회 권한도 갖고 있다. 특히, 대통령·부통령 등 고위공직자의 탄핵소추권은 하원이 담당하고 탄핵심판은 상원에서 이루어지는 이중적 구조를 택했다.

구분	미국 의회	대한민국 국회
제도 형태	양원제(상원 + 하원)	단원제(국회만 존재)
의원 수	상원 100명 + 하원 435명	총 300명
임기	상원 6년 / 하원 2년	4년
선출 방식	국민 직접선거	국민 직접선거
지역 대표성	상원: 주 단위 / 하원: 인구 기준	지역구 + 비례대표 혼합
탄핵 권한	하원: 탄핵소추 / 상원: 탄핵심판	국회가 탄핵소추, 헌재가 심판

가깝고도 먼 나라, 일본의 정치체제

일본은 입헌군주제를 바탕으로 한 의원내각제를 채택했다. 국가원수로서 천황이 상징적으로 존재하지만 실질적인 정치 권한은 없다. 정치적 실권은 국민의 손으로 직접 뽑은 국회에서 구성하는 내각이 거머쥔다. 내각을 이끄는 지도자가 내각총리대신이다. 일본은 헌법에 따라 입법부·행정부·사법부로 나뉘며, 이 세 기관은 서로 견제와 균형을 이루고 있다.

일본은 패전 직후인 1947년 '일본국 헌법(통칭 평화헌법)'을 제정했다. 이 헌법은 전쟁과 무력행사를 포기하고(제9조), 주권이 국민에게 있음을 명시한다. 국가원수인 천황은 헌법에 규정된 의례적 권한만 가지며, 실질적인 통치는 하지 않는다.

일본 국회는 중의원(하원)과 참의원(상원)으로 구성된 양원제를 취하고 있다. 2025년 기준 중의원은 465석으로 구성되며, 임기는 4년이다. 다만 내각총리대신이 해산을 명령하면 임기와 상관없이 해산되며, 해산일로부터 40일 이내에 총선거가 치러진다. 실제로 1947년 이후 중의원 임기를 모두 채운 사례는 1976년 단 한 번뿐이다. 2024년 10월 1일 내각총리대신으로 임명된 이시바 시게루石破茂는 취임 8일 만인 10월 9일 중의원을 해산하고, 10월 27일 총선거를 치렀다. 이는 총리 지명 이후 최단기간 내 의회 해산 기록이다.

헌법상 중의원과 참의원의 권한은 원칙적으로 동등하지만, 실제로는 중의원이 막강한 권한을 갖고 있다. 중의원이 가결한 법률안이 참의원에서 부결되거나 의결되지 않더라도, 중의원에서 출석의원 3분의 2 이상이 찬성하면 법률안은 통과된다. 예산안은 반드시 중의원에서 먼저 심의되며, 총리 지명에서도 중의원 우선 원칙이 적용된다. 또한 내각불신임 결의는 중의원만이 가능하다. 이는 하원이 실권을 쥐고, 상원은 명예직에 가깝게 설계된 영국식 의원내각제 구조를 따른 것이다.

상원인 참의원은 과거 일본제국 헌법 시절 귀족계급으로 구성된 '귀족원'에서 유래했다. 그러나 패전 이후 귀족원은 폐지됐고, 누구나 출마 가능한 참의원이 도입됐다. 현재 참의원은 248석이며, 임기는 6년으로 3년마다 절반씩 교체된다. 지역구 의원은 148석, 비례대표는 100석으로 구성된다.

참의원은 중의원에서 넘어온 법률안을 심의하고 승인하는 역할을 한다. 다만 중의원이 재의결할 경우 참의원 의견은 무력화된다. 예외적으로 개헌안만큼은 중의원 단독으로 처리할 수 없으며, 반드시 참의원의 동의가 필요하다.

전후 내각총리대신은 모두 중의원 출신으로, 참의원에서 총리가 배출된 사례는 없다. 내각총리대신은 국회의 의결을 통해 선출되며 천황이 임명한다. 총리는 내각을 구성하고 국정을 총괄하며, 일반적으로 중의원에서 다수당 총재가 맡는다. 내각은 각 부처를 담당하는 각료들로 구성돼 있다.

사법부는 최고재판소를 정점으로 하며, 행정부와 입법부로부터 독립돼 있다. 헌법 해석과 법률 적용의 최종 권한을 갖고 있으며, 고등재판소, 지방법원, 가정법원 등으로 구성된 독립적인 법원 체계를 운영한다.

일본은 형식상 다당제를 채택하고 있지만, 실질적으로는 보수정당인 자민당이 1955년 이후 약 5년여의 시간을 제외한 대부분의 기간 동안 정권을 유지해 왔다. 자민당의 장기 집권은 유권자 성향, 선거제도, 조직력, 야당의 경쟁력 부족, 관료제 및 재계와의 긴밀한 연계 등 복합적 요인에 기인한다. 일본 사회는 급격한 변화보다 안정을 선호하는 유권자 성향이 강하다. 자민당은 이에 맞춰 중도 실용주의까지 노선을 넓히며 지지층을 공고히 해 왔다. 특히 농촌 지역에서는 고령화와 강한 지역 조직문화에 힘입어 꾸준히 높은 지지율을 유지하고 있다.

또한 정치 세습이 일반화된 일본의 정치문화도 자민당 장기 집권의 기반이 되고 있다. 이와 함께, 자민당으로부터 잠깐 정권을 가져온 민주당은 실정과 준비 부족으로 인해 다시 정권을 내주며 야당의 경쟁력 부재를 드러냈다. 세계 경제위기 직후인 2009년 정권을 가져온 민주당은 약 3년 3개월간의 짧은 집권기를 뒤로한 채 다시 자민당에 정권을 뺏겼다.

전후 수십년간 성장하며 탄탄한 경제 시스템을 구축한 일본의 국민은 여당인 자민당에 대한 높은 지지를 보냈다. 하지만 1990년대 이후 버블 경제가 사라지며 잃어버린 30년을 보내면서, 1990년대와 2010년대를 전후해 두 차례 자민당을 야당으로 전락시키기도 했다. 특히 2010년대 이후 일본 유권자들의 선거 무관심도 지속적으로 증가하고 있는 만큼 일본의 정치계에도 상당한 위기감이 감돌고 있다. 2024년 제50회 중의원 총선거의 투표율은 53.85%로 역대 3번째 낮은 투표율을 기록했다.

일당독재를 가능하게 하는 중국의 추대정치

자본주의의 대척점에 서며 사회주의를 표방했던 대부분 국가체제가 무너졌다. 하지만 중국은 여전히 수십년이 지난 지금까지 그 체제를 유지하며 오히려 미국에 맞설 만큼 성장한 국가다. 중국의 정확한 명칭은 '중화인민공화국People's Republic of China'이다.

특히 중국은 중국공산당 일당독재를 수십년째 이어가는 것을 핵심으로 시장경제 시스템을 접목해 중국만의 특색 있는 사회주의로 발전해나가고 있다. 중국은 사실상 행정부라 불리는 정부기관보다 정당인 공산당이 우위에 있는 나라다. 중국 헌법보다 공산당의 헌법인 '당강'이 우위에 있으며 국군인 인민해방군도 사실 중국공산당의 '당군'이다. 이는 사회주의제도가 탄생했을 당시 생겼던 관행들이 수십 년째 이어오며 현재의 상황에 그대로 안착한 형태다.

중국공산당은 5년마다 실시하는 중국 최대 정치행사인 전국대표회의를 통해 2,000명이 넘는 당대표급 인사를 선출한다. 이를 바탕으로 매년 3월, 수도 베이징에서 정부기관인 전국인민대표대회(전인대)를 열어 헌법 수정, 법률 제정, 국가 요직 임명 등을 처리한다. 그러나 전인대는 사실상 형식적인 기관으로, 실질적인 결정은 모두 공산당 내부에서 이루어진다.

중국 정부의 최고 지도자는 중화인민공화국 주석이지만, 진정한 실권자는 공산당의 수장인 중국공산당 총서기다. 현재는 이 두 자리를 시진핑이 모두 겸직하고 있다. 이와 함께 군 통수권자로서 중앙군사위원회 주석을 맡고 있다. 이렇게 세 가지 핵심 직위를 동시에 가진 시진핑은 중국의 절대적인 최고 권력자로 군림하고 있다.

중국에도 선거가 존재하지만, 이는 지방 수준에서 제한적으로 운영되는 간접 선거에 불과하다. 중앙 지도부는 핵심 당직자들이며 추대 형식으로 임명된다. 의외로 중국 정당제에도 야당이 존재한다. 일부 소수정당이 있지만 독립적인 정치 활동을 하지 못하고 공산당의

중국의 정치체제

구분	내용
국가체제	사회주의 일당제
통치 이념	마르크스·레닌주의, 중국 특색 사회주의
실질적 최고 권력자	중국공산당 총서기 (현재 시진핑)
명목상 국가원수	국가 주석
행정부 수반	국무원 총리
입법기관	전국인민대표대회 (전인대)
입법부 실질 권한	매우 제한적 (당의 결정 추인 역할)
사법부	공산당의 통제 하에 있음 (독립성 없음)
정당체제	공산당 일당 지배, 기타 정당은 협력 역할
선거제도	일부 지방만 제한적 간접선거, 중앙은 당내 선출
군 통수권자	중앙군사위원회 주석 (공산당 총서기 겸직)

방침을 지원하는 들러리 정당에 가깝다.

사법부 역시 공산당의 지도를 받는 기관으로, 정치적 독립성이 결여되어 있다. 법률 해석이나 판결도 당의 이해관계에 따라 영향을 받으며 표현의 자유 역시 강하게 제한된다. 언론은 모두 국가 혹은 당의 통제 하에 있다. 황금방패라고 불리는 중국의 정보 검열 및 감시 정책은 상당수의 해외 서비스나 사이트를 차단하며 사회주의의 건전한 문화보호를 표방한다. 인터넷은 '방화장성Great Firewall'이라는 시스템으로 해외 정보가 차단되거나 검열된다.

이처럼 중국의 정치체제는 사회주의 이념을 기반으로 한 중앙집권적 구조이며, 공산당이 국가를 통치하고 지도하는 유일한 세력이다. 외형적으로는 국가기관이 기능을 하는 것처럼 보이지만,

실질적으로는 모든 권력의 원천이 중국공산당에 집중된 일당이 지배하는 체제다. 그 외 사회주의 국가체제를 택한 나라는 라오스, 베트남, 쿠바 등이 있다.

아직도 군주제가 남아있는 나라는?

사우디아라비아는 민주주의가 정착한 현재까지 남아있는 대표적인 전제군주제 국가이다. 국호부터 사우디아라비아 왕국kingdom of Saudi Arabia이다. 즉 왕이 지배하는 나라라는 뜻이다. 사우디아라비아는 알사우드Al Saud 왕가가 통치하는 왕국으로, 국왕이 행정부, 입법부, 사법부의 모든 권한을 사실상 독점하고 있다. 정부 주요직과 장관직 역시 국왕의 형제나 조카 등 직계 왕족이 도맡고 있다. 즉, 국왕의 결정이 곧 법이다. 왕의 권한은 헌법이나 의회에 의해 제한되지 않는다.

현재 사우디아라비아의 국가원수격인 국왕은 살만 빈 압둘아지즈 알사우드سلمان بن عبد العزيز آل سعود다. 그의 아들인 무함마드 빈 살만 알사우드محمد بن سلمان آل سعود 왕세자가 정부수반인 총리를 겸하며 실권을 갖고 있다. 왕위는 알사우드 가문 내에서 세습된다. 과거에는 형제 간 계승이 주를 이루었으나 최근에는 부자 세습의 경향이 뚜렷해지고 있다.

사우디아라비아에는 의회나 정당이 존재하지 않으며, 정치 활동은 국왕의 승인 없이 허용되지 않는다. 그렇기에 당연히 국회의원도, 국회의원선거도 없다. 일부 지방 차원에서 제한적인 선거가 존재하기는 하지만, 일반 시민의 정치 참여는 극히 제한적이다. 국가자문회의 격인 슈라 위원회가 있지만 이 역시 국왕이 임명하는 자들로 구성되며 외교 정책, 경제 계획 등을 검토하는 정도다.

사우디아라비아는 이슬람 수니파를 국교로 삼고 있다. 이로 인해 국가의 법체계는 이슬람 율법인 샤리아에 근거해 종교와 정치가 밀접하게 연결된 특징을 갖고 있다. 사법부도 국왕의 통제하에 있으며, 세속적인 법보다는 종교 율법이 법적 판단의 기준이 된다. 그 외에 브루나이, 오만 등이 전제군주제를 채택 중이다.

100% 비례대표제를 시행하는 네덜란드

부분적으로 비례대표제를 도입한 대한민국과 달리 100% 비례대표제로 의회를 운영하는 국가도 일부 있다. 대표적인 국가가 바로 네덜란드다. 네덜란드는 입헌군주제와 의원내각제를 접목한 정치 체제를 가지고 있으며, 의회는 상원(제1원)과 하원(제2원)으로 구성된 양원제를 채택하고 있다.

이 가운데 실질적인 권한은 150석으로 구성된 하원인 제2원에 집중돼 있다. 1917년 개헌 이후 제2원은 전국 단위 비례대표제로 전면 개편됐으며, 소선거구 지역구 선거 없이 오직 정당에 대한 득표율로 의석을 배분한다. 즉, 승자독식 구조가 전혀 없는 순수한 비례대표제다.

또한 네덜란드는 개방명부식 비례대표제를 도입하고 있다. 유권자는 정당뿐 아니라 해당 정당의 후보 중 특정인을 직접 선택해 투표할 수 있다. 이는 정당의 총 득표수가 의석을 결정하고, 각 후보의 득표 비율에 따라 당선 여부가 결정되는 구조다.

이러한 제도적 특성으로 인해, 한 정당이 과반을 차지하기는 매우 어렵다. 따라서 모든 내각은 다수 정당이 협의해 구성하는 연립정부 형태로 꾸려진다. 정부 구성까지 수개월이 걸리는 경우도 있지만, 다양한 민의가 의회에 반영된다는 장점도 있다. 현재 네덜란드 외에 이스라엘, 슬로바키아, 세르비아, 남아프리카공화국 등이 전면 비례대표제를 도입한 국가로 분류된다.

직접민주주의 끝판왕 스위스

스위스는 세계에서 거의 유일하게 제도화된 직접민주주의를 시행하는 국가다. 스위스 국민은 단순한 대의제를 넘어 입법, 개헌, 정책 결정에 실질적으로 참여하며 민주주의의 이상을 실현하고 있다. 스위스는 연방공화국 형태의 의원내각제를 기반으로 하지만, 정치 전반에 직접민주주의적 요소가 깊이 녹아 있다. 핵심 제도로는 국민투표제, 국민발안제, 국민소환제가 있다.

국민투표는 연방 차원에서 연간 최대 4회까지 정기적으로 실시한다. 헌법 개정안, 주요 법률, 국제조약 등의 찬반을 국민이 직접 결정한다. 또한 유권자 10만 명 이상이 서명하면 헌법 개정안을 발의할 수 있으며, 이는 연방의회 심의를 거쳐 국민투표에 부쳐진다.

특정 법률에 반대하는 경우에도 제정 후 100일 이내 5만 명의 서명을 모으면 국민소환을 통한 철회 투표가 가능하다. 이처럼 시민은 정부나 의회와 무관하게 정치 의제를 제기하고, 정책 결정에 직접 관여할 수 있다.

스위스의 직접민주주의는 정치적 사안에 국한되지 않는다. 일상과 문화, 심지어 감성적 이슈까지 투표의 대상이 된다. 2010년에는 외로움을 느끼는 동물에게 친구를 제공해야 한다는 '반려동물 권리법'이 국민발안으로 제기됐다. 해당 법안은 외로움도 동물학대의 일종이라는 주장에 기반했으며, 찬반 논쟁 끝에 부결됐다.

2015년에는 알프스 소들이 차는 방울 소리가 시끄럽다는 이유로 방울 착용을 제한하자는 안건이 상정됐다. 하지만 농민들이 소를 찾을 수 없다는 이유로 반대했고, 역시 부결됐다. 이처럼 황당해 보일 수 있는 이슈도 국민이 제안하고 결정하는 구조는 스위스 직접민주주의의 본질을 잘 보여준다.

대한민국 행정부:
국무위원과 국무회의

우리가 매일 접하는 정책과 제도들은 누가 어떻게 만들고 있는 걸까? 사실 대한민국 행정부는 대통령 한 사람이 아닌, 국무총리, 각 부처 장관, 그리고 다양한 행정기관들이 서로 유기적으로 협력하며 움직이는 거대한 시스템이다.

대통령은 행정부의 수반으로서 국가의 큰 방향을 결정하지만, 국무총리와 18개 부처의 장관을 비롯한 정부기관 소속원은 매일 부지런히 움직인다. 이들은 경제, 외교, 국방, 복지 등 각 분야에서 정책을 만들고 국민의 삶을 개선하기 위해 노력한다. 그뿐만 아니라, 행정부 내부에는 독립적인 감시와 조정 역할을 맡은 기관들이 정부가 균형을 잃지 않도록 견제하고 있다. 대통령이 이끄는 행정부의 주요직책에 누굴 앉힐 것인지는 당연히 행정부 수반인 대통령에게 달려있다. 내각, 즉 정부를 구성하고 해임하는 권한을 대통령에게 최대한 부여하는 만큼 이에 대한 책임 역시 대통령의 몫이다.

국무위원과 장관의 차이

대통령이 국정을 설계하는 건축가라면 실제 집을 지을 노련한 전문가팀의 리더가 바로 국무위원이다. 디자인 전문가, 시공 전문가, 회계 전문가 등 건축에 필요한 각 분야 전문가들이 한데 모여 일하듯 국무위원들도 대통령을 도와 공통된 목표를 달성하기 위해 국정의 한 축을 이룬다.

국무위원은 대통령의 보좌기관이자 국무총리와 함께 내각을 구성하는 정무직공무원을 뜻한다. 행정부 내각의 구성원이며 사실상 대통령을 중심으로 국정 전반을 이끌어가는 '국무회의'에 참석할 권리를 갖고 있는 사람들이다.

장관이라 불리는 행정각부의 장은 모두 국무위원이다. 다만 과거에는 행정각부의 장이 아닌 국무위원을 두었던 적이 있었다. 헌법상 국무위원은 국무총리의 제청으로 대통령이 임명한다. 국무총리와 달리 국무위원 임명은 국회의 동의를 요하지 않는다. 다만 공직자의 자질과 능력 등을 사전에 심의하는 국회 인사청문회의 대상이 된다. 국회에서 부적격으로 판단해 청문보고서를 '미채택' 할 수 있지만 국무위원 임명을 불가능하게 하는 강제 규정은 아니다.

대한민국 헌법

제87조

① 국무위원은 국무총리의 제청으로 대통령이 임명한다.

② 국무위원은 국정에 관하여 대통령을 보좌하며, 국무회의의 구성원으로서 국정을 심의한다.

③ 국무총리는 국무위원의 해임을 대통령에게 건의할 수 있다.

④ 군인은 현역을 면한 후가 아니면 국무위원으로 임명될 수 없다.

제94조

행정각부의 장은 국무위원 중에서 국무총리의 제청으로 대통령이 임명한다.

헌법에 따르면 국무위원 중에서 행정각부의 장을 임명하도록 해야 하지만 실제로는 행정각부의 장에 임명된 장관들이 국무위원의 역할을 수행한다. 국무위원이자 행정각부의 장은 동일인물이지만 그 역할은 약간 다르다. 국무위원 자격으로는 대통령의 주요 자문그룹으로 행정부의 최고 정책심의 기구인 국무회의에 참석하고 대통령을 보좌한다. 반면 각 부처 장관으로서는 해당 부처 책임자로 부처별 정책을 집행할 권한이 있다.

2025년 기준, 현재 장관은 총 19명이다. 기존 국가보훈처를 국가보훈부로 승격시켜 기존보다 한 명이 더 늘어났다. 장관 중 기획재정부장관과 교육부장관은 각각 경제부총리와 사회부총리를 겸하고 있다. 부총리는 국무총리의 업무 부담을 다시 한번 분담하고 재정, 산

국무위원과 장관의 차이

구분	국무위원	장관
정의	대통령이 임명하는 행정부의 최고 정책결정자 (헌법상 국무회의 구성원)	정부 각 부처를 책임지는 수장
역할	국무회의에 참석해 국가 주요 정책을 심의·의결	부처를 운영하며 정책을 실행
정책 집행 가능 여부	없음 (정책 심의·의결)	있음 (각 부처에서 직접 정책 실행)

현행 19개 부처의 장관직

경제부총리 겸 기획재정부장관	사회부총리 겸 교육부장관	과학기술정보통신부장관	외교부장관
통일부장관	법무부장관	국방부장관	행정안전부장관
국가보훈부장관	문화체육관광부장관	농림축산식품부장관	산업통상자원부장관
보건복지부장관	환경부장관	고용노동부장관	여성가족부장관
국토교통부장관	해양수산부장관	중소벤처기업부장관	

업, 국토 등을 포괄하는 경제부총리와 교육, 문화, 복지 등 사회 핵심 정책 전반을 책임지는 사회부총리를 둬서 체계적이고도 효율적으로 핵심 정책을 관장하기 위해 도입된 제도다.

정무직 공무원인 장관은 임기나 정년이 법령으로 정해져 있지 않다. 다만 국무위원인 장관의 일부 또는 전부를 교체하는 '개각'은 단순 행정적 인사뿐 아니라 정무적인 목적으로 이루어지기도 한다. 또 대통령선거나 총선, 지방선거 등을 앞두고 개각을 단행해 선거의 판도 자체를 흔들기도 한다.

당연히 특정 장관이나 부처의 정책에 논란이 발생했을 경우에도 이에 대해 장관의 사퇴나 교체를 통해 책임을 묻고 변화를 모색할 수 있다. 새로운 장관을 임명해 대통령의 국정 철학과 방향을 제시하거나 정책을 적극 추진해나가기 위한 운영 동력을 확보하기 위한 개각도 할 수 있다. 특히 국정 운영이 침체되거나 대통령 지지율이 하락했을 때 개각을 통해 분위기를 쇄신하고 정책 추진력을 강화하기도 한다.

개각은 장관 중 일부가 선거에 직접 출마하거나, 새로운 인물을 내세워 집권당의 지지율을 높이면서 야당의 공세를 차단하는 분위기 전환 방편으로도 쓰인다. 즉 개각은 단순한 인사조치가 아니라 국정 운영의 효율성을 극대화하기 위한 고도의 정치적 행위다.

국무회의

대통령과 국무총리, 그리고 국무위원은 정부의 중요 정책을 '국무회의'를 통해 결정한다. 국무회의는 대통령, 국무총리, 그리고 15인

대한민국 헌법

제88조

① 국무회의는 정부의 권한에 속하는 중요한 정책을 심의한다.

② 국무회의는 대통령·국무총리와 15인 이상 30인 이하의 국무위원으로 구성한다.

③ 대통령은 국무회의의 의장이 되고, 국무총리는 부의장이 된다.

이상 30인 이하의 국무위원으로 구성한다. 대통령이 국무회의의 의장이 되고 국무총리가 부의장이 된다. 또한 헌법 제89조는 국무회의에서 심의를 거쳐야 하는 사안을 명시한다. 대표적으로 국정계획과 정책, 외교와 관련된 대외정책과 예·결산 등 재정에 대한 사항, 군사에 대한 중요사항 등을 포함한다.

헌법개정안이나 국민투표와 같은 중요한 의사결정뿐 아니라 계엄과 그 해제 역시 국무회의의 심의사항에 속한다. 다만 주요 정책을 논하는 것과 별개로 국무회의의 결정에 대통령이 구속되지는 않는다. 또한 회의 자체는 행정부 내부의 회의체이므로 국회의 승인이나 동의가 필요 없다. 즉, 국무회의는 대통령이 최종 결정을 하는데 앞서 다양한 의견을 듣고 현명한 의사결정을 내리는데 도움을 주는 회의다.

이번 12·3계엄에서도 계엄선포를 위해 필요한 국무회의 심의가 제대로 이루어졌느냐가 큰 쟁점이기도 했다. 국무회의 규정에 따르면 국무회의 개의를 위한 정족수는 구성원의 과반수다. 즉 대통령, 국무총리, 국무위원인 장관 19명을 포함해 21명의 과반수인 11명이 개의정족수다.

또한 국무회의에는 대통령의 보좌기관인 대통령비서실장, 정책실장, 국가안보실장 등과 국무총리의 보좌기관인 국무조정실장, 법제처장 등도 배석할 수 있다. 지방자치단체장 중에는 서울특별시장이 배석할 권리가 있다.

대통령의 그림자:
권력 뒤의 실세들

대통령의 몸은 하나다. 대통령이 모든 정책을 직접 기획하고, 국회와 협상하며, 외교와 국방을 관리하는 것은 불가능에 가깝다. 그래서 국무총리가 대통령을 보좌하고 핵심부처의 장관인 국무위원들이 행정부에서 각자의 몫을 맡아 그 부담을 나눠가진다. 하지만 이와 별도로 대통령이 국정을 원활하게 운영할 수 있도록 집무실인 대통령실과 보좌기관인 대통령비서실을 두고 있다. 현재 대통령비서실은 3실장(비서실장·정책실장·안보실장), 8수석(정무·경제·민정·홍보·사회·시민사회·과학기술·저출생) 체제를 갖추고 있다.

대통령비서실은 대통령이 국정을 효과적으로 운영할 수 있도록 정책을 조언하고, 정부 부처와 소통하며, 국민과의 연결고리 역할을 한다. 경제, 외교, 국방, 홍보 등 각 분야의 전문가들이 대통령을 보좌하며 때로는 대통령보다 더 바쁘게 움직이는 대통령의 그림자다. 대통령비서실은 1948년 정부수립과 함께 설치됐다.

다만 정체의 변화와 대통령 개인별 선호에 따라 그 내용은 계속 바뀌어왔다. 대통령비서실은 현재 비서실 전체를 총괄하는 비서실장 아래 정무수석비서관, 홍보수석비서관, 민정수석비서관, 시민사회수석비서관을 두고 있다. 또 사회경제 전반을 총괄하는 정책실장을 별도로 둬 그 아래 경제수석비서관, 사회수석비서관, 과학기술수석비서관, 저출생대응수석비서관이 직속으로 포진하고 있다.

비서관은 대통령이 올바른 결정을 내릴 수 있도록 전문적인 지식과 풍부한 정보를 제공하고 조언하는 것을 기본으로 한다. 또 대통령의 일정을 관리하고 문서를 준비하는 등 대통령과 관련된 모든 일정을 사전에 준비하고 대비한다. 대통령과 국회, 정당 간의 관계를 조율하고 법안 통과나 협치가 필요할 때 윤활유처럼 움직인다.

대통령이 이룩한 성취나 국정 과제에 대한 홍보 역시 비서실의 핵심 기능 중 하나다. 다만 대통령비서실이 국정 운영 등에 강한 영향력을 미치며 주요 정책 및 행정 조율을 담당하고 있는 것에 비해 공식적인 행정 권한이나 정책 집행 능력은 없다는 점에서 한계가 드러나기도 한다.

또한 대통령은 국가안보와 관련된 직무를 보좌하는 국가안보실을 두고 있다. 국가안보실장과 3차장 체계로 구성된다. 그 외에도 대통령경호처, 국가정보원, 방송통신위원회, 감사원 등이 대표적인 대통령 직속기관이다. 다만 이 중 감사원은 직속기관이지만 국무총리뿐 아니라 대통령도 지휘·감독할 수 없는 합의제 감사기관이다.

권력 견제의 기술: 대통령과 견제권

삼권분립 속에서 행정부 수장으로 대한민국을 이끄는 대통령에겐 입법부와 사법부를 견제할 권한이 있다. 국회를 견제할 수 있는 방법, 법원에 영향을 미칠 수 있는 권한은 어떤 것들이 있을까? 먼저 앞서 다룬 바와 같이 입법부의 입법독재를 막는 대통령의 강력한 무기, 법률안 거부권이 대표적이다. 외교·국방·통일 기타 국가안위에 관한 중요 정책에 대해서 국민투표를 실시할 수 있는 권한도 있다. 이는 국회의 입법 활동을 견제함과 동시에 국민들의 의견을 직접 반영할 수 있다는 점에서 대통령의 권한으로 풀이한다.

사법부는 독립되어 있기 때문에 직접 견제는 불가능하지만, 임명권을 활용한 간접적 견제를 할 수 있다. 대통령은 대법원장과 대법관에 대한 임명권을 갖고 있다. 다만 대법원장과 대법관 모두 헌법상 국회 동의가 필요해서 대통령과 국회 간 상호견제가 이뤄진다.

또 헌법재판소장은 국회 동의로 대통령이 임명한다. 특히 9인의 재판관 중 3인을 대통령이 지명할 수 있다. 나머지 6명은 국회와 대법원장이 3명씩 나누어 뽑는다. 사법부를 장악할 순 없지만 일정한 견제를 하는 것이다. 또한 대통령은 법원의 판결로 확정된 형을 사면·감형·복권할 수도 있다. 일반 사면은 국회 동의가 필요하지만 개별적인 특별사면은 대통령이 독자적으로 행사할 수 있다. 다만 대통령이 국회를 해산할 권한은 별도로 없다.

반대로 권력의 정점에 선 대통령을 견제하는 수단도 다양하다. 국

삼권분립을 위해 대통령이 행사할 수 있는 견제 수단

견제 대상	견제 수단	관련 헌법 조항
입법부(국회)	법률안 거부권(재의요구권)	제53조
	국민투표 부의권	제72조
	긴급명령권 및 긴급재정·경제명령권	제76조
사법부(법원)	대법원장 및 대법관 임명권	제104조
	헌법재판소 재판관 임명권	제111조
	사면권 행사	제79조

회는 무엇보다 대통령을 자리에서 물러나게 하는 대통령 탄핵소추권을 갖고 있다. 국정조사, 국정감사, 예산·결산안 심사 등도 대표적인 입법부의 행정부 견제 수단이다. 헌법재판소의 위헌법률심판과 명령, 규칙, 처분에 대한 위헌심사여부 판단, 대통령 등 행정부 고위 공무원에 대한 탄핵소추안을 심판하는 것 역시 사법부의 행정부 견제 수단이다. 단, 대통령은 내란 또는 외환의 죄를 범한 경우를 제외하면 재직 중에 형사상의 소추를 받지 않는다. 이를 '불소추 특권'이라 한다. 대통령 직무 수행의 연속성을 보장하고, 정치적 안정을 유지하기 위한 제도적 장치다. 그러나 내란죄와 외환제에 대해서는 소추가 가능하고, 임기 종료 후에는 특권이 사라지므로 재임 중 저지른 범죄로도 기소될 수 있다.

행정부의 내부 감시자, 감사원

국가의 재정과 행정을 투명하고 공정하게 운영하기 위해서는 감시와 통제가 필수적이다. 대한민국 헌법은 이러한 역할을 수행하는 독립적인 기관으로 감사원을 두고 있다. 감사원은 정부의 예산 사용, 공무원의 직무 수행, 국가 재산의 관리 등이 적법하고 효율적으로 이루어지고 있는지를 점검하는 최고 감사기관이다.

우리나라의 감사원 제도는 권력분립의 원칙을 존중하면서도 행정부에 대한 효과적인 감시 기능을 수행하도록 설계되었다. 대통령 산하기관이지만 독립성이 보장된다. 국회와 국민을 대신하여 국가의 회계를 검사하고 공무원의 직무를 감찰하는 역할을 한다. 국가 운영의 투명성을 높이고, 부패와 비리를 방지하며, 궁극적으로 국민의 신뢰를 확보하는 것이 감사원의 핵심적인 임무다.

그러나 입법부와 사법부, 독립된 헌법기관인 선거관리위원회 소속 공무원에 대한 감찰은 불가능하다. 실제로 중앙선거관리위원회의 채용 비리 의혹에 대해 감사원이 감사에 나서자 이에 대해 헌법재판소는 헌법상 독립기구인 선관위 업무에 정부 산하 기관인 감사원이 개입할 권한이 없다는 권한쟁의심판을 최근 내리기도 했다.

감사원은 계좌추적권, 출석요구권, 자료제출요구권을 갖고 있어 강력한 권력 감시 기능을 수행한다. 과거 청와대에 대한 대대적 감사로 대통령비서실, 대통령경호실 등에 대한 감사를 진행한 경우도 있었다. 해당 정부부처나 정부투자기관에 대한 감사를 통해 위법사실

출처: 매일경제신문 사진부

감사원의 모습

이나 직무의 불이행을 발견할 경우 사법기관에 고발하거나 해당 부처나 투자기관에 시정을 요구할 수 있다. 감사 결과는 다음 해에 대통령과 국회에 보고해야 한다.

감사원은 원장을 포함한 7인의 감사위원으로 감사위원회의를 구성하고, 감사원장은 국회의 동의를 얻어 대통령이 임명한다. 감사위원은 국회 동의 없이 감사원장의 제청으로 대통령이 임명한다. 감사원장과 감사위원은 4년 임기로 한 차례 중임이 가능하다.

법과 정치,
경계에 선 사법부

정치는 입법부, 행정부, 사법부라는 세 개의 축으로 운영된다. 입법부는 법을 제정하고, 행정부는 이를 집행하며, 사법부는 법을 해석하고 적용하여 사회 질서를 유지하는 역할을 맡는다. 특히 사법부는 국민의 권리를 보호하는 최후의 보루다.

정부가 부당한 정책을 시행하거나 권력자가 법을 위반했을 때, 국민은 사법부에 기대어 정의를 실현하고 권리를 보장받을 수 있다. 사법부가 정치적 영향을 받지 않고 공정하게 작동할 때, 민주주의와 법치주의는 안정적으로 유지된다. 그러나 반대로 사법부가 정치적 압력에 의해 흔들린다면, 법적 공정성이 훼손되고 법치주의의 근간이 무너질 위험이 크다.

그렇다면 사법이란 무엇이며, 법원은 정치 속에서 어떤 역할을 수행하는가? 법원이 공정성을 유지하기 위해 반드시 지켜야 할 원칙은 무엇이며, 만약 사법부가 정치적 영향을 받을 경우 어떤 문제가 발생할 수 있을까?

정치에서 법원의 역할

사법이란 기존 법 규정에 따라 구체적인 사건의 권리 및 의무 관계를 확정하는 활동을 의미한다. 즉, 법적 분쟁이 발생했을 때 기존 법률을 바탕으로 판단을 내리고, 이를 통해 사회적 갈등을 해결하는 과정이다. 이러한 사법권을 행사하는 기관이 바로 법원이다.

대한민국의 사법부는 이원화된 구조를 갖추고 있다. 일반적인 민사·형사·가사·행정 소송을 다루는 '법원'과, 헌법 관련 사건을 담당하는 '헌법재판소'로 나뉜다. 일반 법원은 다시 1심(지방법원), 2심(고등법원), 3심(대법원)의 삼심제를 채택하고 있다.

사건이 처음 접수되는 지방법원의 1심에선 민·형사 사건을 비롯한 다양한 사안을 심리한다. 지방법원의 판결에 불복한 경우 항소심은 2심 재판부인 고등법원에서 맡는다. 최종심으로 불리는 대법원은 대한민국의 최고 법원으로, 최종적인 법적 판단을 내린다. 대법원의 판결은 모든 하급심에 구속력을 가진다.

대법원은 대법원장을 포함해 총 14명의 대법관을 둔다. 관례적으로 이들 중 한 명은 헌법상 독립기관인 중앙선거관리위원회 위원장을 겸직한다. 대한민국에서 법관의 임기는 6년이며, 대법원장과 대법관 모두 대통령이 국회의 동의를 얻어 임명한다. 이는 사법부의 독립성을 보장하기 위한 조치이지만, 동시에 대통령과 국회가 법원 인사에 영향을 미칠 수 있는 구조라는 점에서 정치적 논란이 있다.

법원의 역할은 단순히 법을 적용하는 것을 넘어, 법치주의를 수호하고 국민의 권리를 보호하는 데 있다. 법원은 기존 법률을 사건에 맞게 해석하고, 이에 따라 판결을 내린다. 또 행정부 및 입법부가 헌법을 위반하거나 권한을 남용하는 경우 이를 견제하는 기능을 한다. 무엇보다 국민의 인권과 자유를 보장하며, 헌법적 가치가 침해되지 않도록 한다.

이러한 원칙을 지키기 위해서는 정치적 중립성이 무엇보다 중요하다. 법관이 정치적 이유로 해임되거나 불이익을 받지 않도록 보장하는 조항 역시 이러한 정치 중립적 가치를 보호하기 위해서다. 그러나 사법부의 독립성이 실제로 얼마나 잘 지켜지고 있는지는 또 다른 문제다.

사법부의 독립성을 보장하는 제도가 마련되어 있음에도 불구하고, 법원에 대한 국민의 신뢰는 점점 낮아지고 있다. 이는 법원이 정치적 영향을 받는다는 의구심이 커지고 있기 때문이다. 실제 과거부터 정권에 따라 주요 인사에 대한 판결이 달라지는 경향이 있었다. 정권 교체 후 이전 정부의 고위 인사들이 법적 책임을 묻는 경우가 많으며 이러한 수사 및 재판이 정치적 보복이라는 비판을 받기도 했다.

법원이 동일한 법 조항을 놓고도 상황에 따라 판결이 달라지는 경우에는 이러한 의심이 더 커진다. 국민들은 법원이 특정 정치적 입장에 영향을 받는 것을 원하지 않는다. 결국 법원이 국민의 신뢰를 회복하고, 정치적 영향을 받지 않는 독립적인 기관으로 기능하기 위해서는 법원 스스로의 자정능력을 높여야 한다.

대통령이 대법원장과 대법관을 임명하는 구조부터 정치적 개입 가능성을 높일 위험이 있다. 따라서 법관 추천 과정을 보다 투명하고 독립적인 방식으로 운영해야 한다는 지적이다. 또한 법원은 판결의 일관성을 유지하고, 동일한 법적 사안에 대해 공정한 기준을 적용해야 한다. 판결이 정치적 입장이나 여론에 의해 흔들리지 않도록, 법관이 외부 압력에서 자유롭게 판결을 내릴 수 있는 환경을 조성해야 한다.

실질적으로도 법원 판결에 대한 충분한 설명과 판결문 공개를 통해 국민이 사법부의 결정을 이해할 수 있도록 해야 한다. 사법부가 국민을 위한 기관이라는 인식을 강화하기 위해, 공정하고 일관된 법적 판단을 지속해야 한다.

논란의 중심 '공수처'가 뭔데?

검찰은 법을 집행하는 기관인가, 아니면 정치적 힘을 행사하는 기관인가? 대한민국 정치사에서 군인과 더불어 가장 많이 등장하는 권력집단이 다름 아닌 검찰이다. 검찰은 법과 원칙에 따라 범죄를 수사하고 공정하게 기소 여부를 판단하는 기관이다.

검찰은 국가의 형사사법 권력작용이다. 엄밀히 말하면 대통령이 수장인 행정부의 법무부 산하의 기관으로 행정권의 관할이지만 실질적으론 사법권을 행사하는 것이 특징이다. 이러한 검찰이 이루어지는 곳이 검찰청이며 이곳에서 범죄를 수사하고 공소를 제기하며 재판을 집행하는 검찰권을 행사하는 사람이 바로 검사다.

하지만 현실에서는 검찰의 정치적 이해관계로 인해 거대한 권력기관으로 작동하는 경우가 빈번하다. 특히 권력에 따라 함께 검찰의 역할이 달라지는 모습을 보면 검찰이 정치판의 핵심 플레이어란 이야기까지 나온다.

입법부를 비롯한 여러 기관과 단체에서는 검찰 권력을 제한하고 개혁할 방안에 대한 논의가 끊이지 않는다. 우선 검찰의 '기소 독점주의'로 인한 권력화 문제를 제기한다. 기소권을 검찰이 독점함으로서 기소 여부 결정이 정치도구화될 수 있다는 비판의 목소리다. 또 수사권은 있지만 기소권이 없는 경찰과의 관계를 재정립해야 한다는 주장도 나온다. 결국 이러한 논쟁은 '고위공직자범죄수사', 일명 공수처의 신설로 이어졌고 현재까지도 영향을 미치고 있다.

법을 만드는 사람, 법을 집행하는 사람, 그리고 법을 다루는 사람들이 스스로 법을 어길 경우 사회 질서 전체가 무너질 수 있다. 국가 예산과 국가 공무원에 대한 직무 감찰 기관인 감사원이 있다. 국가 권력에 의해 국민의 인권이 침해되지 않도록 감시하는 '국가인권위원회', 기업·정부 간의 유착과 불공정 거래를 감시하는 '공정거래위원회', 금융기관과 공직자의 부정행위를 감시하는 '금융감독원'도 대표적인 감찰 기관인 셈이다.

특히 고위공직자의 비리는 사회의 근간을 흔드는 심각한 문제다. 행정부, 입법부, 사법부는 각각 자정작용을 위한 기관을 두고 징계제도를 운영하고 있지만, 고위공직자들의 비리를 바로잡기에 부족하다는 지적이 나왔다.

결국 검찰 개혁을 국정 과제로 내세운 문재인 정부는 공수처 설립을 강력히 추진했다. 검찰이 기소를 독점하지 않도록 그 역할과 힘을 분산시키겠단 계산이었다. 또한 검찰 스스로를 보호하려는 자기보호 기제를 무력화하고 고위공직자들의 부정부패를 엄정하게 단속하겠단 취지다.

하지만 당시 보수야당이던 자유한국당의 반대는 만만치 않았다. 자유한국당은 공수처가 검찰과 다를 바 없이 정권의 수사기관이 될 것이라고 우려를 표했다. 공수처장을 대통령이 임명하고 공수처 검사과 수사관 임명 역시 여당이 주도하는 추천위원회를 통해 선발되는 구조라는 점이 이유였다. 결국 공수처의 출범으로 정권에 비판적인 인물에 대한 표적 수사가 될 것이란 우려가 쏟아졌다. 게다가 검찰의 독점 기소권한이 깨지는 것은 위헌적인 결정인 만큼 개헌 없이는 공수처 운영이 취지대로 될 수 없을 것이라고 봤다.

이처럼 여야가 공수처 설치를 두고 팽팽히 맞서자 180석을 확보하고 있던 더불어민주당이 2019년 공수처법을 신속처리안건(패스트트랙)으로 지정해 강행했다. 그 과정에서 여야 간 물리적 충돌이 발생하기도 했지만 결국 공수처법은 국회 본회의를 통과했다. 이후 준비 과정을 거친 공수처는 2021년 1월 공식 출범했다. 이후 검사, 판사, 헌법재판관 등에 대한 수사와 기소를 담당하고 있다.

공수처의 수사 및 기소의 대상

구분	직책	수사	기소
고위공직자	대법원장, 대법관, 판사	○	○
	검찰총장, 검사		
	경무관 이상 경찰공무원		
	대통령		X
	국회의장, 국회의원		
	헌법재판소장, 헌법재판관		
	국무총리, 국무총리비서실 소속의 정무직공무원		
	중앙선거관리위원회의 정무직공무원		
	「공공감사에 관한 법률」 제2조제2호에 따른 중앙행정기관의 정무직공무원		
	대통령비서실, 국가안보실, 대통령경호처, 국가정보원 소속의 3급 이상 공무원		
	국회사무처, 국회도서관, 국회예산정책처, 국회입법조사처의 정무직공무원		
	대법원장비서실, 사법정책연구원, 법원공무원교육원, 헌법재판소사무처의 정무직공무원		
	특별시장·광역시장·특별자치시장·도지사·특별자치도지사, 교육감		
	장성급 장교		
	금융감독원 원장·부원장·감사		
	감사원, 국세청, 공정거래위원회, 금융위원회 3급 이상 공무원		
고위공직자의 가족	대통령의 배우자와 4촌 이내의 친족	○	X
	대법원장, 대법관, 검찰총장, 판사, 검사, 경무관 이상 경찰공무원의 배우자와 직계존비속		○
	이외 고위공직자의 배우자와 직계존비속		X

미래를 바꾸는 힘, 참정권

06

당신의 한 표가 세상을 바꾼다

선거철만 되면 여러 매체에서 투표를 독려하는 다양한 캠페인이 벌어진다. 과연 내가 행사하는 한 표가 세상을 바꿀 수 있을까? 물론 진짜 딱 한 표만으로 선거 당락에 영향을 미치는 일은 로또 당첨만큼 드물게 일어나는 일이다. 하지만 그러한 한 표 한 표가 모여 결국 선거의 판도가 결정된다. 진정한 민주주의는 우리 한 명 한 명의 의견을 밝히고 서로 경청하며 더 나은 미래를 위해 나아가는 것이다.

대통령, 국회의원, 지방자치단체장은 나, 우리 가족, 우리 사회를 대변하는 결정체다. 나와 대표자를 동일시할 수 있는 최선의 방법은 서로가 비슷하게 닮는 것이고, 이는 최대한 많은 사람들이 투표에 참여함으로써 가능해진다. 즉 투표율이 높아질수록 대표성이 더욱 높아지는 것이다. 투표는 거창한 정치 이야기가 아니다. 우리의 삶을 결정해나가는 힘이다.

대한민국의 선거권과 피선거권

참정권의 핵심은 선거에 참여해 투표할 수 있는 권리, 즉 선거권이다. 이는 국민이라면 누구나 누릴 수 있는 권리다. 기본적으로 모든 국민에게 선거권이 있지만 최소한의 자격 요건이 있다. 선거법에 의한 결격사유가 없다면, 선거일 현재 만 18세 이상인 경우 선거권을 가진 것으로 본다. 대한민국 정부 초기에는 선거 가능 연령의 기준이 만 21세였다. 이후 1960년대 만 20세로, 2005년 만 19세로 선거권 행사 가능 연령이 낮아졌다. 그리고 약 15년만인 2019년 공직선거법 개정으로 제21대 국회의원선거부터 만 18세 이상으로 확대했다.

헌법상 보장된 공무담임권은 말 그대로 국가나 지방자치단체의 구성원으로서 공무를 담임할 수 있는 권리를 말한다. 이는 공직취임권과 피선거권을 포함하는 개념이다. 이 역시 일정한 조건을 갖추고 결격사유가 없는 한 누구나 누릴 수 있는 대표적 기본권 중 하나다.

대한민국 대통령의 경우 국내에 5년 이상 거주하고 있는 만 40세 이상 국민이라면 누구나 출마할 수 있다. 반면 국회의원은 만 18세 이상 국민이라면 누구나 출마할 수 있다. 국회의원의 경우 출마 가능한 최소연령 조건이 과거에는 만 25세였지만, 지금은 선거권을 가진 모든 국민으로 확대됐다. 역대 최연소 국회의원 당선인은 만 25세에 제3대 국회의원에 당선된 김영삼 전 대통령이다.

대한민국의 경우 1948년 제헌 국회 선거부터 남녀차별 없이 여성에게도 선거권과 피선거권을 부여했다. 그렇다면 대한민국 최초의 여성 국회의원은 누구일까? 제헌 국회의원선거에서는 단 1명의 여성 국회의원도 당선되지 않았다. 하지만 제헌 국회의원선거에서 경북 안동군 을에서 국회의원으로 당선된 정현모가 당선 후 경북도지사로 임명되며 공석이 되자 이듬해 1월 치러진 보궐선거에서 대한여자국민당 소속 임영신이 당선된다. 대한민국 최초의 여성 국회의원의 탄생이다.

이승만의 신임이 두터웠던 임영신은 국회의원 당선 전 이미 대한민국 정부의 초대 상공부장관에 발탁됐다. 그녀는 대한민국 최초의 여성 국무위원이자 국회의원인 셈이다. 임영신은 1935년 경영난에 빠졌던 중앙보육학교를 인수해 교장을 지냈고 중앙문화학원을 세워 초대 이사장을 지냈다. 이 학교가 바로 중앙대학교다. 다만 1970년대까지 권위주의적 사회 분위기 속에서 여성의 정계 진출은 제한적으로 이루어졌다.

민주화가 본격화된 1990년대 이후 여성 진출이 가속화됐다. 특히 2004년 제17대 총선에서 비례대표 여성의무 할당제를 도입하며 비례대표 후보의 50% 이상을 여성에게 할당하도록 했고, 현재는 비례대표 홀수 순번에 여성을 공천하는 것이 법제화됐다. 이후 국무위원, 헌법재판관, 대법원 등에 여성 진출이 확대되며 정치권 안팎의 여성 참정권 확대가 지속되고 있다. 2006년 한명숙이 대한민국 최초의 여성 국무총리로 임명되었고, 2013년에는 박근혜가 최초의 여성 대통령으로 당선되며 대한민국 정치사에 새로운 이정표를 세웠다.

가장 최근 치러진 제22대 총선에서는 총 36명의 여성 지역구 국회의원이 배출되며 역대 최고 기록을 경신했다. 비례대표 국회의원을 합쳐 총 60명의 여성 국회의원이 나와 전체의 20%를 달성했다. 다만 역대 최고 기록임에도 불구하고 경제협력개발기구OECD 회원국 평균인 33.8%에는 미치지 못한 점은 해결해야 할 숙제로 평가받는다.

20대와 50대 투표율 차이의 원인

2024년 총선 결과는 다시 한 번 정치적으로 무관심한 이들에 대한 통계를 보여줬다. 연령대로 살펴보면 50대 이상의 유권자들은 이전보다 더 적극적으로 투표에 참여한 반면, 20대와 30대의 투표율은 오히려 감소했다. 특히 20대의 투표율은 52.4%로 역사상 가장 낮았다. 직전 총선보다 무려 6.3%p 하락한 결과다. 이는 결국 젊은 세대가 정치에서 멀어지고 있다는 신호이며, 이는 곧 그들의 목소리가 정치권에서 점점 사라지고 있음을 의미한다.

20대가 정치를 멀리하는 가장 큰 이유 중 하나는 정치권에 대한 불신이다. 거대 양당은 극단적인 대립을 반복하고, 선거철마다 쏟아지는 공약들은 결국 이행되지 않는 경우가 부지기수다. 특히 청년층을 위한 정책들은 공약으로만 존재할 뿐, 실질적인 변화로 이어지는 경우가 많지 않았다. 청년 주거, 취업, 복지 문제는 매 선거마다 주요 이슈로 떠오르지만, 선거가 끝난 후에는 언제 그랬냐는 듯 관심이 휘발된다. 이런 상황에서 20대는 '정치가 우리의 삶을 바꿀 수 있을까?'라는 회의감을 가지게 된다. 정치에 참여해도 바뀌는 것이 없다는 인식이 강해지면서, 결국 냉소적인 태도를 보이게 되는 것이다.

또한 정치의 중요성을 모르는 것은 아니지만 당장 생존의 문제를 고민해야 하는 20대도 많다. 학자금 대출, 취업난, 주거 문제 등 현실적인 것들이 정치보다 더 절실하다. 취업 준비로 바쁜 와중에 선거 정보를 찾아보고, 후보자를 분석하고, 투표하러 가는 것이 번거롭게 느껴질 수 있다. 당장의 생계를 위해 아르바이트를 하고, 스펙을 쌓고, 경쟁에서 살아남으려 분투하는 와중에 정치 참여는 우선순위에서 밀려나기 쉽다. 게다가 20대는 상대적으로 거주지가 불안정하다. 대학 진학, 취업, 이직 등으로 이동이 잦아 선거일에 본인의 지역구에서 투표하기 어려운 경우도 많다. 이러한 현실적인 장벽도 투표율을 낮추는 요인 중 하나다.

기존 정당과 정치인들이 신뢰를 잃어버린 상황에서, 20대는 자신들을 대변해줄 대안 세력을 찾지 못하고 있다. 그러나 다시 한번 강조하지만 정치는 결코 남의 일이 아니다. 현재의 법과 제도는 우리의 삶을 직접적으로 좌우하며, 투표는 그 변화를 만들어낼 수 있는 가장 강력한 수단이다.

정치에서 멀어질수록, 정치권은 우리를 더욱 소외시킬 것이다. 반대로, 젊은 세대가 적극적으로 목소리를 내고 참여한다면, 정치인들은 청년층의 표를 얻기 위해 더 많은 정책을 고민하게 될 것이다. 결국 참정권의 행사는 단순한 선택이 아닌 내 삶을 바꾸기 위한 행동이며, 내가 원하는 미래를 만드는 과정이다.

대한민국
시민정치 발전사

대한민국의 시민정치 문화는 시대에 따라 진화해왔다. 과거에는 억압적인 권위주의 체제에 맞섰다면 이제는 민주주의를 더욱 성숙하게 만드는 표현 방식으로 변화하고 있다. 독재에 저항했던 군사정권 시절의 시위, 시민의 힘으로 역사를 바꾼 촛불집회, 그리고 가치와 재미를 결합한 최근의 모습까지 한국의 시민들의 정치 문화는 어떻게 변했을까.

권위주의 시대: 목숨을 건 저항의 시대

과거 시민들에게 정치는 목숨을 건 투쟁이었다. 인간의 존엄성과 기본권을 지키기 위해 거리로 나선 이들은 민주주의 수호와 독재 타도를 외치며 총검과 폭력에 맞섰다. 독재 정권에 항거했던 민주화 운동, 노동자들이 생존권을 위해 벌였던 파업, 기본적인 인권을 쟁취하기 위한 저항에서 가벼움이란 찾아볼 수 없었다. 당시 시민들의 행동은 단순한 의사 표현이 아닌 생존을 위한 몸부림이었고, 거리에서의 한 걸음 한 걸음이 곧 삶과 죽음의 갈림길 위에 있었다.

1960년 4·19혁명, 1980년 광주민주화운동, 1987년 6월항쟁은 한국 시민정치의 뿌리다. 대한민국 헌법 전문에서도 '불의에 항거한 4·19 민주이념을 계승'한다고 분명히 밝힐 만큼 우리들의 피와 눈물로 지금의 대한민국을 만들었다고 해도 과언이 아니다.

이승만 정권의 부정선거에 분노한 시민들은 거리로 나섰고 결국 이승만 대통령은 물러났다. 군부독재에 항거한 시민들은 무고한 목숨을 잃었다. 1980년대, 민주주의를 향한 열망은 군사독재의 억압 속에서도 결코 꺼지지 않았다. 시민들은 목숨을 걸고 거리로 나섰고, 권력은 강경 진압으로 그들을 탄압했다. 국가 폭력과 시민 저항이 격렬하게 충돌한 시대 속에서 우리들은 민주주의를 지켜냈다.

이러한 투쟁은 1987년 6월항쟁으로 정점을 찍었다. 대학생 박종철이 경찰 고문으로 사망하고 거리에 나선 이한열이 경찰이 쏜 최루탄에 맞아 숨을 거두며 분노한 시민들이 거리로 쏟아졌다. 그렇게 대한민국은 민주주의를 되찾았고 우리 손으로 직접 대통령을 뽑는 대통령 직선제 개헌이 이뤄졌다.

비폭력과 평화, 그리고 촛불집회

2000년대 이후, 대한민국 시민들의 정치 참여 문화는 점차 비폭력적이고 평화적인 방식으로 변화했다. 과거 독재 정권에 맞서며 목숨을 걸었던 것과 달리, 이제 시민들은 질서정연한 방식으로 민주주의를 실현하는 새로운 규칙을 만들어가기 시작했다. 민주주의와 기본권을 지키기 위한 투쟁에서 일상의 가치를 보호하려는 평화 집회로 진일보한 셈이다.

이러한 변화는 정치가 더 이상 특정한 이념이나 정당만의 전유물이 아니라, 개인의 생활과 밀접한 문제를 다루는 방식으로 자리 잡고 있음을 보여준다. 시민정치가 과거 '살기 위해' 이루어졌다면 오늘날은 '더 나은 삶을 위해' 존재한다. 이러한 변화의 중심에는 촛불집회가 있었다. 촛불집회는 2002년 주한미군 장갑차에 의해 숨진 여중생 미선이 효순이 사건에서 출발했다. 미군 과실로 두 여학생이 목숨을 잃었으나 미국이 책임 있는 조치를 취하지 않자 시민들이 촛불을 들었다.

이후 노무현 대통령 탄핵 사건이 발생한 2004년, 세월호 침몰사고가 발생한 2014년 등 사회적으로 이슈가 된 사건이 발생할 때마다 시민들은 촛불을 들었다. 특히 촛불집회는 온라인과 인터넷을 통해 자발적으로 조직됐고 학생, 직장인, 주부 등 다양한 계층의 시민들이 참여했다. 정부 정책에 대한 시민들의 적극적인 감시와 항의를 촛불을 통해 발현한 것이다.

특히 2016년 박근혜 대통령의 국정농단 사건에서 촛불집회는 정점을 찍었다. 국민들은 이에 대한 책임을 묻기 위해 촛불을 들고 광장으로 나왔다. 전국적으로 수백만 명이 참여한 이 시위는 한국 현대사에서 가장 거대한 규모의 평화적인 저항 운동으로 기록된다.

특히 이 촛불집회는 평화롭고 질서정연한 방식으로 진행했다. 시민들은 폭력적인 충돌 없이도 촛불 하나로 정부를 움직일 수 있다는 것을 증명했다. 촛불집회는 한국 사회에서 단순한 저항의 방식이 아니라, 비폭력적이고 성숙한 민주주의 실천의 상징이다. 이제 시민들은 경찰과 충돌하거나 극단적인 방법을 동원하지 않고도, 자신의 목소리를 내고 사회를 변화시킬 수 있다는 자신감을 갖게 됐다.

말랑말랑 K-시민정치 문화의 시작

현재의 대한민국의 시민정치 문화는 여기서 한 발자국 더 나아가 대중문화와 결합된 새로운 형태로 발전하고 있다. BTS의 응원봉을 흔들고 K-팝 음악을 함께 부르는 등 참여자들이 자신만의 방식으로 집회에 동참한다. 이는 집회가 특정 세대나 집단의 전유물이 아닌, 다양한 사람들이 함께 즐기며 참여하는 축제 같은 분위기로 변화하고 있음을 보여준다. 이제 시민들은 단순한 저항을 넘어, 유쾌하고 창의적인 방식으로 정치적 메시지를 전달하고 있다.

이러한 변화는 정치 문화의 다양성과 포용성을 반영하며, 세대 간

통합을 이끌어내고 있다. 물론 진정성과 핵심가치를 잃어서는 안 되지만 한국의 시민정치는 대중문화와 융합해 새로운 형태로 진화하면서, 참여의 폭을 넓히고 있음이 분명하다.

최근 집회 현장에 등장한 선결제 문화는 한국의 시민정치 문화가 얼마나 역동적으로 발전하고 있는지를 보여주는 대표적인 사례다. 원래 선결제는 누군가를 위해 미리 비용을 지불하는 방식으로, 주로 카페나 식당에서 '착한 소비'의 형태로 사용했다. 2020년 전후로 코로나19가 확산하면서 자영업자나 소상공인들이 크게 어려워지자 이들을 돕고 지역 상권을 활성화하기 위해 시작됐다. 특히 선한 영향력을 끼친 음식점이나 카페들을 '돈쭐(돈으로 혼쭐내다)'내는 목적으로 가게 주문을 폭주시키고 매출을 올려주는 방식 중 하나로 확산됐다.

이는 한국의 정치문화가 단순한 대립과 충돌을 넘어, 따뜻함과 배려, 그리고 공동체적 연대로 확장하고 있음을 보여준다. 단순한 대결 구도를 넘어서, 서로를 배려하고 연대하는 따뜻한 시민 문화와 결합하면서 새로운 정치 참여 방식으로 발전하고 있는 것이다. 이 같은 문화는 냉소적이거나 분열적인 정치 갈등 속에서도, 시민들이 서로를 보듬으며 저항과 나눔을 동시에 실천하는 혁신적 사례로 평가될 수 있을 것이다.

외신 역시 대한민국만의 독특하고 창의적인 저항 문화로 언급하며 K-팝, K-드라마에 이어 'K-시민정치' 문화를 주시하고 있다. 참여자는 개인의 일상과 가치 회복을 외쳤고, 선결제 문화는 집회를 대중이 부담 없이 참여할 수 있는 축제로 만들었다. 앞으로는 시민들이 정치적으로 연대하고 협력하는 새로운 문화가 계속해서 생겨날 것이다.

유튜브, 틱톡, X가 바꾼 대한민국 정치

계엄 사태는 정치에 무관심했던 MZ세대를 무대 중앙으로 올린 결정적 사건이 됐다. 이들은 전통적 방식의 정치 참여가 아닌 그들만의 방식으로 정치를 이해하고 소비했다. 특히 SNS와 커뮤니티를 중심으로 한 디지털 도구들은 변화의 열쇠가 됐다.

이번 집회에서도 SNS를 통해 메시지들이 빠르게 확산했다. X, 유튜브, 인스타그램 등 다양한 SNS 플랫폼은 '실시간'으로 현장을 중계했다. 또한 재미를 추구하고 축제처럼 즐기려는 이들은 관련 밈을 제작하고 공유하고 소비하며 집회 자체를 거대한 문화 콘텐츠로 변신시켰다.

해학의 후예, 집회를 놀이화하다

SNS와 스마트폰은 고사하고 휴대전화조차 없던 과거에는 현장성이 무엇보다 중요했다. 시민정치가 실현되는 현장에서 보고 들은 생생한 경험들이 사후적으로 사람들한테 퍼졌다. 또 제한됐던 언론 보도는 상대적으로 정보를 비대칭적으로 전달하는 경우가 있었고, 현장의 모습을 상당부분 왜곡하기도 했다. 초기 인터넷 시대에서도 이러한 선현장 후확산은 상당 기간 지속했다.

하지만 스마트폰과 SNS가 발달한 지금은, 오히려 시민들이 직접 온라인에서 담론을 형성하고 분위기를 조성한다. 언론 등 미디어의 노출이 없더라도 일반인 참여자가 라이브 방송이나 포스트 게시 등을 통해 보이는 모습 그대로의 정보를 실시간으로 공유하고 있다.

디지털 네이티브Digital native라 불리는 MZ세대는 정치적 저항을 기존의 무거운 방식이 아닌 인터넷 문화 속에서 유희적으로 해석하고 소비하는 경향을 보였다. 이들은 온라인에서 본 밈을 현실에서 실현하거나, 현장에서 만들어진 퍼포먼스를 다시 SNS를 통해 밈화하는 방식으로 시위를 확장해나간다. 이러한 순환 구조는 기존의 정치 참여 방식과 완전히 차별화된 접근이며, 앞으로도 정치 참여 문화의 중요한 특징으로 자리 잡을 가능성이 크다. 기성세대라 불리는 5060 세대들과 7080 세대들도 정치적 의사를 표출하고 공론화하는 핵심 플랫폼으로 유튜브 등 SNS를 활용하고 있음은 물론이다.

물론 이러한 변화에 대한 부정적인 시선도 존재한다. 정치의 '연성화'로 인해 추구하는 본래의 목적과 메시지가 퇴색할 것이란 우려가 있다. 하지만 기술의 발전과 시대적 흐름 속에서 방식의 변화는 자연스러운 현상이다. 기존의 정치적 표현 방식이 변화하는 것을 단순히 퇴보나 희화화로 보는 것이 아니라, 새로운 형태의 저항 문화로 인정하고 그 가능성을 분석하는 것이 중요하다. 결국, 디지털 시대의 정치 참여는 기존의 틀을 벗어나 더욱 창의적이고 접근성이 높은 방식으로 진화하고 있으며, 이 흐름은 앞으로도 지속될 가능성이 크다.

실제 대부분의 정치인들은 SNS 계정을 운영하며, 이를 정치적 의사를 표명하는 중요한 수단으로 활용한다. 과거에는 자신의 정견을 발표하거나 입장을 밝히기 위해 기자회견을 열거나 방송, 신문 등 언론에 출연하는 것이 일반적이었다. 하지만 이러한 방식은 많은 시간과 비용이 들 뿐만 아니라, 언론사의 편집 과정을 거쳤기 때문에 정치인이 원하는 메시지가 그대로 전달되지 않는 경우도 많았다.

SNS는 이러한 한계를 극복하고 정치인들이 직접 유권자에게 다가갈 수 있는 강력한 도구로 자리 잡았다. 돈을 한 푼도 들이지 않고 자신의 생각을 대중에게 널리 알릴 수 있고, 실시간으로 의견을 전달하고 피드백을 받을 수 있다는 점에서 기존의 방식과는 큰 차이가 있다. 특히 언론 매체를 거치지 않고도 본인의 메시지를 왜곡 없이 빠르게 전달할 수 있는 것은 SNS의 가장 큰 장점 중 하나다.

국내뿐만 아니라 전 세계적으로도 정치인과 정부기관은 중요 의사결정이나 주요 뉴스를 SNS를 통해 즉시 발표하는 경우가 많아졌다. X, 페이스북, 유튜브, 인스타그램 등의 플랫폼은 더 이상 개인적인 소통의 창구에 머무르지 않고, 여론을 형성하면서 정책을 홍보하는 공식적인 채널로 기능하고 있다.

미국의 전·현직 대통령을 비롯한 주요 정치 지도자들은 정책 발표나 긴급한 입장을 밝힐 때 기자회견보다 먼저 SNS를 활용하는 경우가 많다. 한국에서도 국회의원, 지방자치단체장, 정부기관 등이 SNS를 통해 실시간으로 주요 현안을 공유한다. 이를 통해 국민들과의 소통을 강화하고 있다. 이러한 변화는 정치의 디지털 전환을 의미하며, 앞으로도 SNS는 정치 커뮤니케이션의 핵심 도구로 계속 활용될 것으로 보인다.

뉴스보단 유튜브? 정치 극단화와 확증 편향

과거 정치뉴스를 접하는 방법은 TV 또는 신문이 다였다. 하지만 인터넷의 발달과 SNS의 확산으로 이러한 미디어 환경도 완전히 바뀌었다. 특히 요즘은 유튜브가 방송국이자 신문사가 됐다. 스마트폰만 있으면 누구나 정치 뉴스를 볼 수 있고, 전통 언론보다 더 자극적이고 재미있는 영상들이 넘쳐난다. 하지만 유튜브를 통한 정치 정보 소비가 늘어나면서, 새로운 문제가 떠오르고 있다.

우리가 보는 유튜브 영상은 과연 믿을 만한 정보일까? 혹시 유튜브 알고리즘이 우리를 특정 정치성향에 갇히게 만들고 있지는 않을까? 그리고 유튜브 속 자극적인 정치 콘텐츠가 우리 사회를 더 극단적으로 만들고 있는 것은 아닐까?

뉴스보다 유튜브를 더 신뢰하는 시대, 그 이면에는 우리가 경계해야 할 위험 요소가 도사리고 있다. 특히 젊은층뿐 아니라 중장년층 등 정치에 관심이 많은 세대들조차도 TV뉴스나 신문 대신 유튜브로 정치를 접하고 있다. 아니 오히려 그들이 더 많은 정보를 유튜브에 의존하고 있다고 해도 과언이 아니다.

문제는 유튜브가 누구나 자유롭게 콘텐츠를 제작하고 공유할 수 있는 오픈 플랫폼이라는 점이다. 이로 인한 가짜 정보와 확인되지 않은 이야기들이 무분별하게 만들어지고 있다. 클릭 수와 조회 수를 높이기 위해 자극적인 제목과 과장된 내용을 담은 영상이 쏟아진다. 검증되지 않은 정보가 사실처럼 받아들여지는 경우가 많다. 특정 정치인에 대한 허위 루머를 터트리고, 이에 대해선 '아니면 말고' 식의 무분별한 의혹제기와 거짓 뉴스는 유권자를 혼란스럽게 하는 가장 큰 변수다.

유튜브를 비롯한 SNS는 알고리즘에 따라 움직인다. 사용자가 무엇을 좋아하고 관심을 갖는지 검색 기록과 영상시청 기록 데이터가 축적된다. 그리고 사용자 입맛에 맞는 영상을 계속해서 추천한다. 결국 사람들은 자신의 기존 신념을 강화하는 정보만을 선택적으로 받아들이고, 반대되는 정보는 무시하는 경향을 갖게 된다. 이게 바로 확증 편향의 무서움이다.

유튜브의 추천 시스템은 확증 편향을 더욱 강화하는 방식으로 작동한다. 결국 이러한 확증 편향은 자신의 논리를 더 강화하고 반대편의 의견을 더 묵살하는 극단적 정치화로 이어질 수 있다. 서로 다른 정치적 견해를 가진 사람들 사이의 대화와 합의는 더욱 어려워진다는 뜻이다.

물론 사람들이 유튜브에 기대는 이유도 있다. 레거시 미디어Legacy media라 불리는 기존 주류 기성 언론 역시 이러한 공정성과 편향성에서 자유롭다고만 말할 수 없기 때문이다. 언론사는 나름의 저널리즘 원칙을 따르지만, 각자의 정치적 성향이나 논리에 따라 보도 방향이 달라질 수 있다.

또 일부 기성 언론이 특정 권력과 결탁하거나 편향된 시각을 보이는 경우도 있어 대중의 신뢰를 잃어가는 사례가 많다. 이런 환경 속에서 유튜브는 대안적 정보원으로 자리 잡았고, 이용자들은 자신의 관심사와 성향에 맞는 정보를 보다 쉽게 찾아볼 수 있게 되었다.

결국 극단의 정치를 막고 이를 해결해야 할 주체는 정치인뿐만 아니라 우리 국민들 스스로이기도 하다. 궁극적으로 필요한 것은 유권자 개개인마다 다양한 미디어에서 전달되는 정보를 비판적으로 이해하고, 평가하며, 이를 효과적으로 활용하는 능력인 '미디어 리터러시Media literacy' 역량을 갖추는 것이다.

정보가 넘쳐나는 시대일수록 한쪽 입장만을 무조건적으로 신뢰하기보다는 다양한 시각의 뉴스와 정보를 비교하고, 감정적 반응보다는 객관적 사실에 기반해서 판단을 내리려는 노력이 필요하다. 자신의 의견과 다른 목소리에도 열린 태도가 민주주의의 건강한 발전에 기여할 것이다. 결국 우리가 가져야 할 자세는 '균형 잡힌' 정보 소비를 하려고 최대한 노력하는 것이다. 특정 플랫폼이나 매체에만 의존하는 것이 아니라, 다양한 출처를 통해 종합적으로 판단하는 태도를 길러야 한다. 그래야만 정보의 홍수 속에서 허위 정보와 선동을 걸러내고, 보다 성숙한 민주주의를 실현할 수 있을 것이다.

유튜브 역시 방대한 이용자층과 빠른 전파력을 갖춘 만큼 플랫폼 자체적으로 허위 정보의 확산을 방지하기 위한 자율 규제와 검증 시스템을 더욱 강화해야 한다. 이는 특히 선거 기간이나 정치적 이슈가 집중되는 시기에 더욱 중요한 과제로 부각된다.

언론의 권력 감시, 권력의 언론 통제

기자들이 권력을 감시하는 탐정이라면, 정치인은 카메라 앞에서 가장 멋진 모습을 보이려는 배우와 같다. 그런데 이 배우는 때때로 감독이 되고 싶고, 탐정도 영화의 바꾸고 싶은 때가 있다. 서로를 경계하면서도 필요할 땐 협력하는, 묘한 애증의 관계다. 언론과 정치는 민주주의의 핵심축이지만 그 관계가 지나치게 가까워지면 문제가 되고, 너무 멀어지면 정보가 단절된다. 이 둘의 관계는 대체 어떤 모습이어야 할까?

사실 필자 역시 언론에 소속돼 약 3년간 국회를 출입했다. 그 과정에서 누구보다 가까이 국회의 속살을 들여다봤다. 수많은 국회의원과 보좌관, 당직자 등 다양한 사람들을 만나고 사귀었다. 다른 출입처에 비해 국회는 어쩌면 가장 취재가 쉬운 출입처 중 하나다. 국회의원은 그 누구보다 이야기하길 좋아하는 사람들이기 때문이다. 의정활동이든 지역구 행사든 무엇이라도 더 알리고 홍보하는 것이 중요한 국회의원에게 언론은 자신을 널리 알리는 가장 기본적인 수단이다.

물론 정말 중요한 정당의 의사결정이나 은밀한 내용이야 당연히 감추겠지만 기본적으로 국회의원은 언론에 노출되는 것을 반기는 경향이 있다. 직접 경험해보진 못했지만 이보다 훨씬 앞선 세대에선 정치인과 언론의 관계는 지금보다도 훨씬 가깝고 돈독했으며 그래서 더 문제였다. 정치를 감시해야 할 언론이 정치의 수단으로 오용되거나 유착되는 식으로 문제가 불거진 적도 많다.

국회를 비롯한 정치영역은 여전히 레거시 미디어라 불리는 기성언론의 영향력이 센 출입처이기도 하다. 보수 언론과 진보 언론하면 떠오르는 몇몇 매체는 항상 정치 현안에 대한 의제를 던진다. 또는 정말 핵심관계자가 아니면 알 수 없는 정보를 특종으로 보도하기도 하고, 이러한 보도가 이슈를 이끌어가거나 기존 정세를 결정적으로 뒤집기도 한다.

하지만 이 역시 예전보단 그 힘이 확실히 덜한 분위기다. 이는 미디어 전파 방식이 온라인, 스마트폰, SNS를 통한 실시간 정보 확산으로 바뀐 영향이 크다. 또 과거보다 국회를 출입하는 정치부 기자가 대폭으로 늘어난 것도 기존 정치 보도 프레임이 크게 바뀌는데 큰 영향을 미쳤다. 2020년 기준, 국회출입기자만 1,700명에 달한다. 이처럼 언론과 정치, 그리고 유권자의 관계가 급변하면서 정보의 신뢰성 과 영향력을 둘러싼 새로운 도전이 이어지고 있다.

대한민국 정치의 고질병, 지역갈등

지역갈등은 대한민국만의 문제는 아니다. 세계 곳곳에서 정치, 경제, 문화적 요인으로 인해 지역 간 갈등이 빈번하게 발생하고 있다. 중국의 티베트·신장위구르 지역에서는 중앙정부의 강압적인 통치로 인해 정치적 갈등이 심화되고 있다. 이탈리아에서는 남북 간 경제 격차로 인해 지역 불균형이 지속되고 있다. 또, 캐나다의 퀘벡에서는 민족·언어·종교적 차이로 독립운동이 발생하는 등 다양한 형태의 지역갈등이 존재한다.

대한민국의 지역갈등 역시 단순한 지리적 차이라기보다는 정치·경제·사회적 요인이 복합적으로 얽혀 형성된 역사적 산물이다. 특히 영남과 호남 간 갈등으로 대표되는 지역갈등 양상은 최근 수도권 집중과 지방 소외 문제가 부각되면서 변화를 보이고 있다. 지역갈등 역시 시대적 흐름에 따라 새로운 형태로 바뀌고 있는 것이다.

대한민국 지역 갈등사

대한민국 정부 수립 초만 해도 대한민국 정치는 지역보다는 이념 갈등이 중요한 요소였다. 이념갈등으로 하나의 민족이 남과 북으로 나뉘어졌고 1950~1960년대까지만 해도 반공산주의 이념을 앞세운 우파 세력이 좌파 세력을 압도해왔다.

특히 1963년 10월 치러진 제5대 대통령선거의 지역별 지지율을 살펴보면 지금과는 확연히 다른 지역 구도를 확인할 수 있다. 당시 직선제로 치러진 대선에서 박정희 민주공화당 후보는 윤보선 민정당 후보를 불과 15만 6,026표차, 득표율 기준 1.55%p 차이로 승리한다. 특히 서울, 경기, 강원, 충청에서 윤보선 후보가 앞선 반면 박정희 후보는 경상도와 전라도 그리고 제주도에서 이기며 가까스로 승리했다.

물론 당시에도 군부 대 반군부 구도와 영호남 지역주의 정서가 있었지만 무엇보다 이념 공세의 영향력이 컸고 이는 지역주의를 덮을 만큼 주된 선거 프레임이었다. 당시만 해도 경상도와 전라도의 인구가 서울, 경기보다 압도적으로 많았다는 점 역시 지금과 다른 부분이다. 구미가 고향인 박정희는 당시 경주, 김천, 포항 등 경북의 주요 지역에서 패배하기도 했다. 오히려 농촌이 많던 호남지역에서 경제 성장과 중농 정책을 강조한 박정희 후보를 크게 밀어준 것이 선거 승리의 발판이 됐다.

그러나 1970년대를 전후하여 대한민국이 본격적인 산업화의 길을

1963년 10월 치러진 제5대 대통령선거의 지역별 지지율

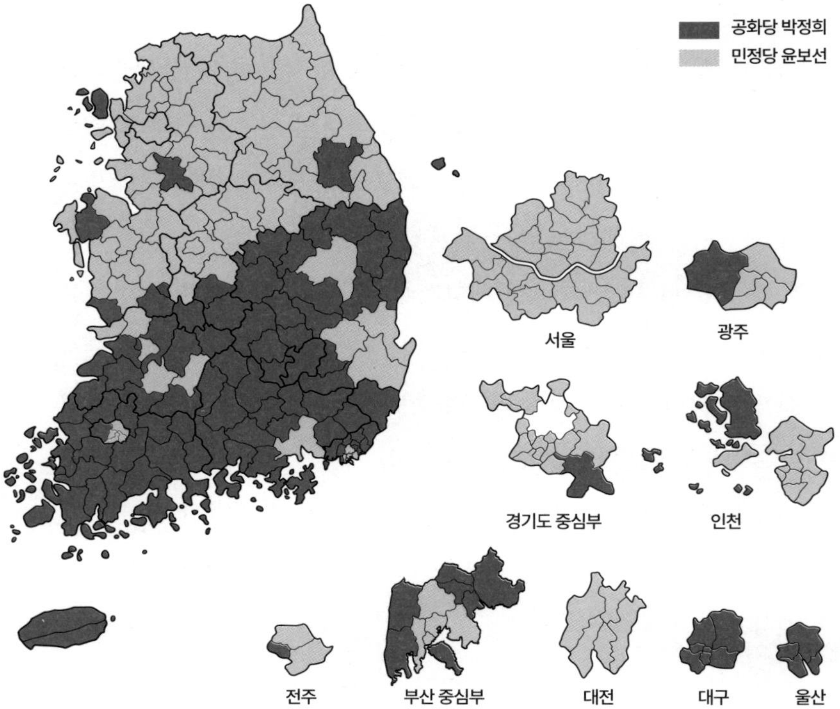

걷기 시작하면서, 도농 간 갈등과 함께 지역 간 격차가 더욱 두드러지기 시작했다. 1970년 경부고속도로 개통을 계기로 포항과 울산 중심 대규모 산업단지가 조성됐고, 이에 반해 호남 지역은 경제 개발에서 소외되는 양상을 보였다. 이러한 경제적 불균형은 정치적 불만으로 이어졌으며, 정치권에서도 이를 적극적으로 활용하면서 지역주의가 더욱 심화했다.

이러한 갈등이 선명하게 드러난 선거가 바로 1971년 4월의 제7대 대통령선거였다. 박정희 대통령이 3선 개헌을 단행한 후 치러진 이 선거에서, 그는 '40대 기수론'을 앞세운 김대중 후보와 접전을 펼쳤다. 선거 결과, 박 대통령은 김대중 후보를 95만 표(약 8%p) 차이로 어렵게 이겼다. 특히 김 후보는 정부의 부정선거 개입 논란에도 불구하고 예상보다 선전하며 강한 경쟁력을 입증했다.

무엇보다 이 선거에서는 이전 대선보다 지역별 지지 구도가 더욱 뚜렷해지는 경향이 짙어졌다. 박 대통령은 경상도·충청도·강원도·제주도에서 승리했지만, 전라도에서는 김대중 후보가 압도적인 지지를 받았다. 공교롭게도 경북 출신인 박정희와 전남 출신 김대중 후보 간 대결이라는 점 역시 지역 구도를 선명하게 한 요인이다. 실제 박 대통령에 대한 지지가 이전까지는 경남에서 더 강했으나, 이 선거에서는 경북에서 더 높은 지지를 받았다. 또 제6대 대선에 비해 전북보다 전남에서 야당세가 더 강해졌다. 이처럼 1971년 대선은 한국 정치에서 지역주의가 본격적으로 자리 잡는 계기가 되었으며, 이후 지역 간 대립이 더욱 심화되는 흐름이 이어졌다.

1980년대 정치 암흑기를 거쳐 민주주의를 되찾으며 탄생한 제6공화국의 첫 선거인 제13대 대통령선거는 그야말로 지역주의가 노골적으로 표출된 대표적 선거다. 이 선거는 전두환의 후계자로 지목된 노태우(경북)를 비롯해 김영삼(경남), 김대중(전남), 김종필(충남) 등 이른바 '3김'이 모두 출마한 4자 구도로 치러졌다. 특히, 이들은 각자의 정치적 기반이 되는 지역에서 압도적인 지지를 받으며, 지역별로 확연히 나뉜 투표성향을 보여주었다.

김영삼은 경남을 중심으로 한 영남권에서, 김대중은 호남권에서, 김종필은 충청권에서 강세를 보였으며, 노태우는 수도권과 강원도, 그리고 영남권에서 비교적 고른 지지를 얻으며 당선되었다. 이 선거 결과는 유권자들이 지역정서를 강하게 반영해 투표했음을 보여주었으며, 지역주의가 선거의 핵심 변수가 될 수 있음을 정치권에 각인시켰다.

선거 과정에서 후보들은 자신이 속한 지역의 이익을 대변하는 것처럼 행동하며 지역 유권자들의 감정을 자극했고, 지역별 지지 기반을 공고히 다지기 위한 노력을 아끼지 않았다. 특정 지역 출신의 후보가 다른 지역을 폄하하거나, 지역 차별을 강조하는 전략이 활용되면서 정치적 갈등이 더욱 심화됐다.

1990년, 노태우(경북)·김영삼(경남)·김종필(충남)의 3당 합당으로 인해 한국 정치 지형은 커다란 변화를 맞이한다. 이 합당을 통해 영남을 기반으로 하는 거대 보수 여당이 탄생했고, 결과적으로 영남 지역은 보수 정당의 핵심 지지 기반이 됐다. 반면, 호남 지역은 김대중을 중심으로 한 야당을 강력히 지지하면서, 한국 정치에서 지역주의 구도가 크게 자리 잡았다. 이후 특정 지역이 특정 정당을 일방적으로 지지하는 패턴이 굳어졌고, 이 경향은 수십년간 지속됐다.

3당 합당은 한국 정치에서 지역주의를 더욱 고착화했다는 평가를 받는다. 기존에는 보수와 진보의 대립이 이념적 성격이 강했다면, 3당 합당 이후에는 지역적 색채가 더욱 짙어졌다. 영남 지역이 강력한

제13대 대통령선거의 지역별 지지율

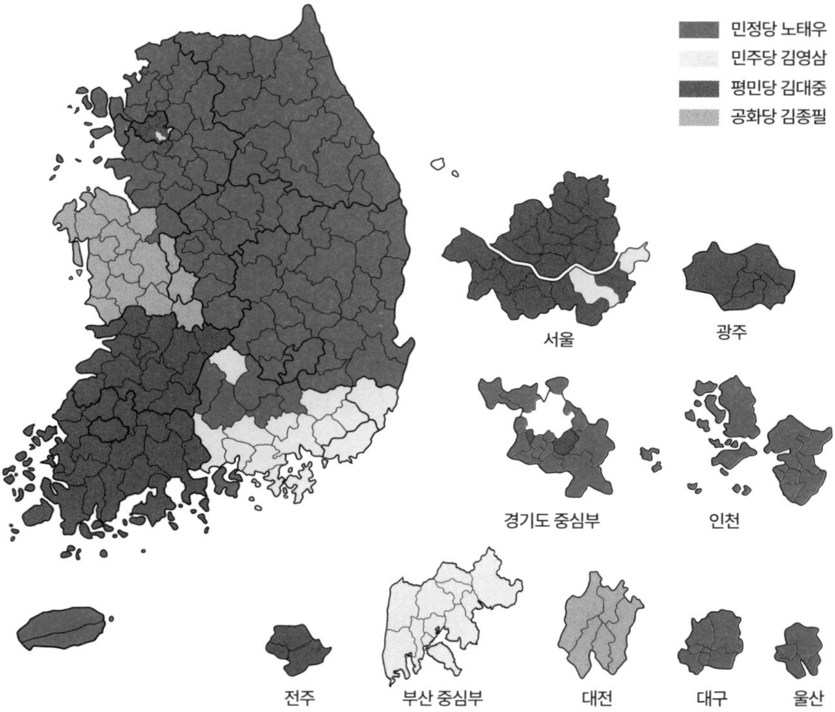

보수 정당의 텃밭이 되면서 반대로 호남 지역은 정치적으로 고립되는 상황에 처했다. 이로 인해 호남 지역민들의 상대적 박탈감이 커졌다. 이러한 정치적 환경 속에서 호남은 김대중을 중심으로 더욱 결집하게 되었고, 결과적으로 지역갈등이 더욱 고착화됐다.

1997년 대통령선거 역시 지역주의의 영향을 강하게 보여준 대표적 사례다. 김대중은 호남의 강력한 지지를 바탕으로 대선에서 승리하며 최초의 호남 출신 대통령이 됐다. 영남 중심의 보수 정당 구도에 균열을 내는 계기가 되었지만, 동시에 지역주의 구도를 더욱 강화하는 결과를 낳았다.

지역주의 구도의 변화

그러나 2000년대 이후 한국 사회의 인구구조와 정치적 환경이 변화하면서 기존의 지역주의 구도가 서서히 변화를 맞이하기 시작했다. 특히 서울·수도권 인구가 급격히 증가하면서 영호남 간의 대립 못지않게 수도권과 비수도권 간의 격차 문제가 부각됐다. 경제적 불균형과 일자리 문제, 교육 및 생활 인프라의 차이로 인해 수도권과 지방의 갈등이 심화됐고 이에 따라 기존의 지역주의 구도가 흔들리는 조짐을 보였다.

젊은 세대를 중심으로 수도권 집중 현상에 대한 불만이 커지면서 '지방 차별' 문제가 사회적 이슈로 떠올랐다. 특히 수도권 쏠림이 심화하면서 지방 경제가 침체되는 상황이 지속됐고, 수도권과 비수도권 간의 경제적 격차 문제가 더욱 중요한 정치적 의제로 대두되었다. 이러한 흐름은 기존의 영호남 중심 지역주의를 약화시키는 데 일정 부분 기여했다.

또 과거 영남 전체가 보수 정당을 지지하는 경향이 강했지만, 2002년 노무현 대통령이 당선된 이후 부산·울산·경남 지역에서 민주당 지지층이 점차 증가하는 현상이 나타났다. 특정 지역이 특정 정당을 무조건적으로 지지하는 패턴에서 점진적인 변화가 일어나고 있음을 보여준다.

세대별로 다른 가치관도 지역주의 완화에 영향을 미치고 있다. 젊은 세대는 과거처럼 특정 지역에 대한 강한 정치적 정체성을 갖기보다는, 경제적 기회와 생활수준을 더 중요하게 고려하는 경향을 보이고 있다. 이에 따라 지역주의보다는 오히려 세대갈등이 더욱 뚜렷해지는 모습이 나타나고 있다.

여전히 지역주의가 주요 선거에서 중요한 변수로 작용하고 있지만, 이제는 수도권과 비수도권 간의 격차 문제, 세대 간 갈등, 성별 대립과 같은 새로운 정치적 균열이 부각되고 있다. 이러한 변화 속에서 한국 정치가 기존의 지역주의를 완전히 극복하고, 보다 정책 중심적인 경쟁체제로 전환할 수 있을지에 대한 논의는 계속될 것이다.

싸우고 봉합해서 삶을 바꿔내는 정치의 세계

정치는 본질적으로 갈등을 조정하는 과정이다. 각계각층 다양한 집단이 한데 모여 있는 국회는 서로 다른 이해관계가 부딪히는 공론의 장이다. 또한 이런 갈등을 조율하는 것이 정치의 핵심이다. 정치에서 갈등은 사회 발전을 위한 동력이면서 기존 질서를 변화시키는 계기가 된다. 과거 민주화 운동, 여성 인권 운동, 노동 운동은 사회 내부의 갈등에서 시작했고, 이를 해결하고 타협하면서 우리 사회는 앞으로 나아갔다. 즉 정치적 갈등은 기존의 문제를 드러내고 이를 해결하기 위한 논의를 촉진하는 중요한 역할을 하는 것이다.

갈등을 해결하는 과정에서 다수의 의견이 무조건 옳은 것도 아니다. 소수의 목소리를 보호하고 반영하는 것이 민주주의의 핵심이다. 대립하는 갈등주체 양쪽을 모두 만족시키는 것은 쉽지 않지만 양보와 절충 과정을 거쳐 최선의 정책과 법안이 탄생한다.

특정 이슈에 대한 갈등이 커질수록 시민들의 관심도 더욱 커지기 마련이다. 선거에서 높은 투표율이 나타나거나, 정책 결정 과정에 시민 참여가 증가하는 것은 갈등이 유발하는 긍정적인 효과 중 하나다. 정치적 논쟁은 시민들이 자신의 입장을 고민하고 공론장에서 목소리를 내는 기회를 제공한다.

문제는 현재 한국 사회를 둘러싼 여러 갈등 양상이 이러한 순기능을 넘어 극심한 대립과 분열을 초래하는 방향으로 심화하고 있다는 점이다. 갈등이 과도하게 심화되면 사회적 통합이 저해될 수 있다. 특히 정치권이 갈등을 조장하고 이를 이용할 경우, 국민은 서로를 적으로 인식하게 되고, 대화보다는 대립을 택하게 된다.

결국 지나친 갈등은 정치적 교착 상태를 유발하고 서로 타협하지 않으려는 정당과 집단 간의 대립을 지속하게 한다. 중요한 정책 결정이 지연되거나 아예 이루어지지 않을 위험이 생기고, 경제·외교·복지 등 다양한 분야에서 국가 운영의 비효율성을 초래한다.

건강한 정치 문화에서는 갈등을 더 나은 방향으로 나아갈 수 있는 동력으로 삼을 것이다. 반대로 정치적 이익을 위해 갈등이 악용될 경우 그 피해는 고스란히 시민에게 돌아간다. 따라서 정치의 역할은 갈등을 조정하고 해결할 수 있는 제도적 장치를 마련하는 데 있다.

대한민국 역시 지역 간, 성별 간, 세대 간 갈등이 당연하게도 존재해왔다. 선거철만 되면 더욱 부각되는 지역갈등, 오히려 젊은층에서 더욱 심각하게 번진 남녀 갈등, 초고령·초저출산 시대 속에서의 세대 갈등이 대표적이다.

갈등은 혐오와 배제의 정서로 변질되고 있다. 그러나 이러한 갈등이 과연 우리 사회에 불가피한 것인지, 혹은 해결될 수 없는 문제인지에 대한 질문은 여전히 유효하다. 앞서 살펴본 지역갈등과 더불어 성별과 세대의 갈등이 어떻게 형성되었으며, 현재 어떤 방식으로 작동하고 있는지를 살펴보는 것은 한국 사회의 구조적 문제를 이해하는 중요한 열쇠가 될 것이다.

젠더갈등

대한민국에서 남녀 간의 젠더갈등은 정치, 경제, 사회, 문화 등 다양한 영역에서 점점 더 두드러지고 있다. 특히 2010년대 이후 이러한 갈등이 더욱 심화되면서, 이제는 단순한 사회문화적 논란을 넘어 국가적 차원의 주요한 사회 갈등 요소로 자리 잡았다. 특히 MZ세대라 불리는 현재 젊은 세대를 중심으로 갈등이 더욱 확산하고 있으며, 세대 간 차이를 넘어 젠더를 기준으로 한 대립 구도가 형성되는 양상을 보인다.

2010년대 중반부터 온라인 공간에서 남녀 간의 갈등이 점점 심화했고, 여성 커뮤니티와 남성 커뮤니티가 충돌하며 공론화에 이르렀다. 특히 여성과 남성 간의 경제적 불평등, 취업 시장에서의 경쟁, 군복무와 같은 의무 이행의 형평성 문제 등이 주요 쟁점으로 떠오르면서 평행선이 이어지고 있다.

정치권에서도 젠더갈등을 주요한 이슈로 인식하며 이를 적극적으로 활용하고 있다. 선거철이 되면 각 정당과 후보들은 젠더 이슈를 공약으로 내세우거나, 특정 젠더 집단을 주요 지지층으로 삼아 선거 전략을 세우는 모습을 보인다. 특히 20대 남성층과 여성층의 정치적 성향이 극명하게 갈리면서 선거 결과에도 큰 영향을 미치고 있다.

20대 남성들은 일부 여성 정책을 여성 친화적 정책이라고 느끼며 이에 대한 반발로 보수적 성향을 띠고 있다. 반면 20대 여성들은 여전히 성평등과 여성 인권 신장을 중시하며 진보적인 성향을 보이는 경우가 많다. 즉, 젠더갈등이 정치화하면서 진영 싸움의 논리로 전환된 것이다.

사회문화적 측면에서도 젠더갈등은 다양한 방식으로 드러난다. 대중문화에서는 젠더 감수성에 대한 논쟁이 끊이지 않다. 광고, 영화, 드라마, 웹툰 등에서 특정 성별을 차별하거나 혐오하는 표현이 논란이 된다. 이러한 논란은 젠더갈등이 단순한 개인의 의견 차이가 아니라 사회적 분위기와 정책적 변화에도 영향을 미칠 정도로 힘이 커졌음을 시사한다.

하지만 정치적 관점에서 젠더갈등은 불안정한 세대들의 사회구조적 불만의 화살을 내부로 돌리고 이를 정당 지지로 이끌어오는 교묘한 정치 술책이라는 분석도 있다. 청년들을 구조적 문제에서 멀어지게 하고 동일 세대 간 분열을 유도한다는 것이다. 현재 대한민국의 청년층은 취업난과 높은 주거비, 낮은 임금 상승률 등으로 인해 미래에 대한 불안감이 크다.

이러한 경제적 어려움 속에서 여성과 남성 간의 기회 불평등에 대한 논의가 심화되었으며, 일부 남성들은 여성 할당제나 특정 직군에서의 여성 우대 정책을 불공정하게 인식하고 반발하는 모습을 보였다. 반면, 여성들은 여전히 유리천장과 경력 단절 등으로 인해 노동시장에서의 불평등을 경험하며 성평등이 실현되지 않았다고 주장한다. 이러한 경제적 요인들이 남녀 간 갈등을 더욱 고조시키고 있는 것도 물론 사실이다.

사회에 첫발을 내딛는 순간부터 빚을 지고 시작하는 청년들은 안정적인 미래를 꿈꾸기조차 어려운 현실에 놓여 있다. 현재 20대는 과거 세대와 비교할 때 훨씬 더 어려운 경제 환경에서 살아가고 있다. 대학을 졸업해도 정규직 일자리를 구하기 힘들고, 취업을 하더라도 낮은 임금과 높은 생활비 탓에 저축은커녕 생계를 유지하기조차 빠듯하다. 청년들은 '헝그리 정신'이 아니라 '생존 모드'로 버티고 있다. 대기업과 중소기업 간의 격차, 정규직과 비정규직 간의 차별, 노동시장에서의 기회 부족 등은 청년 세대 전체의 문제다.

그러나 이러한 경제적 불평등은 정책적으로 제대로 조명되지 않는다. 기득권이자 기성세대로 향해야 할 청년층의 분노의 화살은 자신 스스로를 겨누고 있다. 같은 상황을 공유하고 있는 동년배 이성에게 말이다. 청년들의 불만은 '젠더갈등'이라는 프레임 속에서 소비되며, 경제적 착취구조에 대한 본질적인 문제 제기는 뒤로 밀려난다. 일자리도, 주거 공간도, 사회적 안전망도 불안정한 상황에서 '누군가 내 몫을 빼앗아간다'라는 불만은 엉뚱하게도 '남성과 여성의 대립'

으로 흘러가고 있다. 결과적으로 이들은 힘을 합쳐 구조적 문제를 해결하기보다는 서로를 적대시하며 소모적인 갈등에 빠진다.

이러한 젠더갈등을 적극적으로 활용하는 정치권에게도 큰 책임이 있다. 선거철이 되면 각 정당은 20대 남성과 여성의 표심을 따로 공략하며, 특정 젠더 집단을 지지층으로 끌어들이기 위해 갈등을 조장한다. 일부 정치인들은 20대 남성을 겨냥해 '반反페미니즘'을 표방하고, 여성 정책을 비판하는 메시지를 던진다. 반대로 다른 쪽에서는 성평등을 주장하며 20대 여성의 지지를 이끌어낸다.

이러한 정치적 전략은 결국 청년층의 단결을 방해하고, 젠더갈등을 더욱 극단화하는 결과를 낳는다. 정작 중요한 경제적 문제(청년 실업, 주거난, 부의 양극화)는 뒷전으로 밀려나고, 남성과 여성 간의 대립 구도만이 강화된다. 이는 청년층이 정치적, 경제적 힘을 키우지 못하게 만드는 효과적인 분열 전략이기도 하다.

현재의 젠더갈등은 경제적 착취 구조 속에서 살아가는 청년들이 본질적인 문제를 보지 못하게 만드는 '덫'과도 같다. 남성과 여성 모두가 같은 구조적 문제로 인해 고통 받고 있음에도, 서로를 적으로 삼는다면 문제 해결은 요원하다. 청년들이 진정으로 싸워야 할 대상은 '상대 젠더'가 아니라, 기회를 독점하고 자원을 배분하는 구조적 불평등이다. 젠더갈등은 문제의 본질이 아니다. 20대 남성과 여성이 힘을 합쳐 경제적 불평등과 노동시장 구조 개혁을 요구할 때, 청년 세대 전체의 삶이 나아질 수 있다.

세대갈등

오랜 기간 지역주의가 선거지형도에 영향을 미치는 결정적 요소였지만, 2010년대 후반부터는 세대갈등의 영향력도 지속적으로 커지고 있다. 생애주기 특성상 일반적으로 청년층(20~30대)은 진보성향, 중장년층(50대 이상)은 보수성향을 보이는 경향이 강하다. 상대적 약자인 청년층은 공정성, 사회적 이동성, 기회의 평등을 강조하며 불평등 해소와 복지를 확대하는 정책을 선호할 수밖에 없다. 반면 기성세대인 중년층 이상은 자산 보호, 안정적인 경제 성장, 보수적 가치를 유지하는 정책에 더 무게를 두게 된다. 통상적으로 이러한 투표성향은 대선, 총선, 지방선거에서 일관된 경향성을 띤다.

세대 간 이해관계는 무엇보다 경제적 측면에서 맞부딪힌다. 청년층은 취업난, 부동산 가격 급등, 저성장 기조 속에서 미래에 대한 불안이 크다. 반면 기성세대는 비교적 안정적인 경제적 기반을 갖춘 경우가 많고, 이에 따라 경제적 이해관계가 다르게 형성된다. 경제적 배경 차이는 세대별 정치성향을 결정짓는 핵심 요소가 된다.

세대갈등이 선거에서 더욱 부각되는 이유는 세대별 투표율 차이가 커지고, 연령대별 인구 구성 비율이 변화하고 있기 때문이다. 현재 대한민국은 저출산·고령화 문제로 인해 인구구조가 급격히 변화하고 있으며, 이는 사회·경제적 문제뿐만 아니라 선거에도 큰 영향을 미친다.

특히 젊은층의 인구 감소와 낮은 투표율, 고령층의 인구 증가와 높은 투표율이 맞물리면서 특정 연령층의 정치적 영향력이 더욱 강화되는 현상이 짙어지고 있다. 이러한 흐름은 대한민국의 정치 지형에도 직접적인 변화를 초래하고 있다. 이 현상이 극단화할 경우 선거에서 고령층을 중심으로 한 정책을 우선시하고 청년층을 홀대하는 방향으로 흘러갈 수 있다.

세대 간 정치적 균열이 선거에서 점점 뚜렷해지고 있지만, 이를 극복하고 보다 포괄적인 정치적 논의를 이끌어내려는 시도도 계속되고 있다. 특히 청년층의 정치적 참여를 확대하고, 세대 간 협력을 유도하는 정책들이 중요한 화두다. 청년층의 정치적 대표성을 높이기 위한 청년 정치인 육성, 세대 간 경제적 격차 해소를 위한 일자리 창출, 주거 안정 정책 등이 필요하다.

세대갈등이 선거에서 주요 변수로 작용하는 현상은 앞으로도 지속될 가능성이 높다. 또한 세대갈등이 선거에 반영되는 현상은 한국사회의 정치적 균열을 더욱 깊게 만들고 있다. 결국 이를 해결하기 위해서는 세대를 아우르는 정책적 접근과 포용적 정치가 필요하다. 이를 단순한 대립 구도로 소비할 것이 아니라, 세대 간 공통된 문제를 해결하는 방향으로 나아가는 것이 한국 정치의 중요한 과제가 될 것이다.

맺음말

스무 살이 돼서야 서울살이를 시작했다. 서울에는 전국 각지의 사람들이 한데 모여 북적였다. 서로 응원하는 야구팀이 달랐다. 당연히 말씨도, 음식문화도 달랐다. 말로 꺼내놓지 않는 생각들도 당연히 달랐다. 다르기에 이야기할 수 있는 게 있다면 달라서 꺼내지 못한 것도 있었다. 그게 정치였다. 그렇게 정치는 피해야 할 것이 됐다.

더불어 고백하자면 필자 또한 책에서 다룬 대로 정치에 무관심한 전형적인 20대였다. 전자기판, 컴퓨터 프로그래밍과 힘 싸움하는 공대생에게 정치와 사회가 끼어들 틈은 없었다. 그렇게 정치는 멀고 먼 아득한 존재가 됐다. 그저 정치는 나와는 무관한 기득권들의 '스카이캐슬'이라 생각했다.

그러나 흘러흘러 기자 일을 시작하며 팔자에도 없던 정치부 출입기자가 됐다. 정치 까막눈이 국회를 매일 드나들게 된 것이다. 책과 뉴스로만 접했던 정치를 간접적으로나마 몸소 경험해보는 것은 나름 흥미로웠다. 몰랐던 내용을 부딪치고 깨져가며 익혔다. TV에서나 보던 국회의원들을 직접 만나 정치와 정책에 대한 철학을 들어볼 수 있었다. 학창 시절 이야기나 자녀 육아법과 같은 지극히 사적인 이야기도 나눠봤다. 그뿐만 아니라 국회 보좌관, 당직자, 국회공무원들과 국회를 자주 오가는 정부기관 사람들과 기업체의 대관 담당 직원들까지 수많은 사람들을 만나고 소통했다.

이런 경험은 머릿속에 있던 스테레오타입과 편견, 프레임을 모조리 깨트렸다. 정치는 무서운 괴물도, 기득권만의 놀이터도 아니었다. 이곳 역시 사람 사는 곳이었다. 다만, 그 안에서 살아가는 방식이 조금 다를 뿐이다. 지금도 매일 정치부 기자 생활을 통해 만난 사람과 소통하고, 매주 국회농구팀을 찾아 땀을 흘리고 있다. 가장 멀었던 정치가 가장 가까운 친구가 됐다.

정치는 어렵거나 두려운 것이 아니다. 감추거나 숨길 필요도 없다. 정치란 결국 표현하고 드러내야 비로소 실현된다. 무엇보다 정치가 우리의 일상에 지대한 영향을 미치는 만큼 반드시 알아야 할 기본이자 상식이라는 사실 만큼은 분명하다. '나와는 상관없다'라는 생각을 하고 있다면 큰 착각이자 오산이다.

이 책은 20대 시절의 나처럼 정치에 무관심하거나 이질감이 컸던 정치 공복자들을 위한 따뜻한 '미음'이다. 의도했든, 의도치 않았든 정치를 멀리하고 몸속에서 비워냈던 이들이 식욕을 되찾고 건강한 영양 상태를 만들려면 조금씩 채워가야 한다. 맵고 짜고 달지 않더라도, 가볍고 심심하게 정치의 첫발을 떼는 데 도움이 되길 기원한다. 정치에 최소한이 어딨느냐는 반문도 있겠지만, 적어도 이 정도는 알고 있으면 나 자신과 가족, 그리고 우리 공동체를 지키는 최소한의 힘이 될 것이다. 객관적이고 정확한 내용을 담기 위해 애썼지만 부족한 부분에는 너그러운 이해를 부탁드린다. 그리고 언제나 응원해주는 가족에게도 깊은 감사를 전한다.

하루하루가 전쟁터처럼 돌아가는 혼돈의 정치판이지만 그 복잡성을 이끌어가는 질서 속에서 정치는 조금씩이라도 앞으로 나아간다. 국회를 감싸안은 윤중로의 벚꽃은 올해도 어김없이 피고, 또 질 것이다. 반복되는 계절처럼, 정치는 늘 같은 자리에서 갈등하고 타협하며, 그렇게 천천히 발전해간다.

추동훈

최소한의 정치공부

초판 1쇄 2025년 4월 30일

지은이 추동훈
펴낸이 허연
편집장 유승현 **편집2팀장** 정혜재

책임편집 이예슬
마케팅 한동우 박소라 구민지
경영지원 김민화 김정희 오나리
표지디자인 김보현 **본문디자인** 이은설

펴낸곳 매경출판㈜
등록 2003년 4월 24일(No. 2-3759)
주소 (04557) 서울시 중구 충무로 2 (필동1가) 매일경제 별관 2층 매경출판㈜
홈페이지 www.mkbook.co.kr
전화 02)2000-2612(기획편집) 02)2000-2646(마케팅) 02)2000-2606(구입 문의)
팩스 02)2000-2609 **이메일** publish@mk.co.kr
인쇄·제본 ㈜M-print 031)8071-0961
ISBN 979-11-6484-769-3 (03340)

책값은 뒤표지에 있습니다.
파본은 구입하신 서점에서 교환해 드립니다.